Jörg Kräuter

PsychoBadisch

Jörg Kräuter

PsychoBadisch

Mit dem
König von Baden
durchs Jahr

Silberburg-Verlag

Jörg Kräuter wurde 1955 im Murgtal geboren
und lebt heute im badischen Bühl. Seit 1980 ist
der Kabarettist im süddeutschen Raum unterwegs.
Inzwischen ist er als »König von Baden« in seiner
heimatlichen Region zu erleben, im Gepäck
verschmitzter Hintersinn und knitze Angriffslust.
Kräuter schreibt wöchentlich Kolumnen im
»Badischen Tagblatt« sowie im »Acher- und Bühler
Boten«. Außerdem arbeitet er als Maler und
Projektkünstler.

1. Auflage 2016

© 2016 by Silberburg-Verlag GmbH,
Schönbuchstraße 48, D-72074 Tübingen.
Alle Rechte vorbehalten.
Alle Zeichnungen stammen vom Autor.
Umschlaggestaltung: Anette Wenzel, Tübingen.
Druck: CPI books, Leck.
Printed in Germany.

ISBN 978-3-8425-1475-1

Besuchen Sie uns im Internet
und entdecken Sie die Vielfalt
unseres Verlagsprogramms:
www.silberburg.de

Ihre Meinung ist wichtig ...

... für unsere Verlagsarbeit. Wir freuen
uns auf Kritik und Anregungen unter:

www.silberburg.de/Meinung

Inhalt

Der Autor

Gebore bin ich im Murgtal. Im badisch-schwäbische Grenz-
gebiet, dem »badischen Gazastreifen«, wo grad mal a paar
Meter überm Buckel der Schwab steht. Da wird verbal scharf
g'schosse. Da geht's tief runter ins Murgtal – und da wird's früh dunkel.
Die Papierindustrie produziert hier mehr Arbeitslose als wie Papier.

Die Mutter aus dem vordere, der Vater aus dem hintere Murgtal. Somit
bin ich zweisprachig aufg'wachse. In einer traditionelle, dreigliedrige
»badischen Kernfamilie«.

Heut gibts mehr und mehr alternative Beziehungsgeflechte, in dene
mar sich verirre kann: Kinderlose Partnerschaft mit Hund, postre-
volutionäre Einkindfamilie auf 400-Euro-Basis, gleichgeschlechtli-
che Mehrweg-Beziehung oder Patchwork-Familie, also die spontane
Ansammlung triebhafter Verfehlunge, in der du die Versäumnisse
der Vergangenheit mit den Fehleinschätzunge der Zukunft ausbügeln
kannsch. Es isch a dynamische Lebensform mit schwankender Teil-
nehmerzahl, a experimentalfreudige Mehrgenerationensippe, in der
du nach dem Modell nordamerikanischer Erdhörnle alternatives Leben und Lieben praktiziere kannsch.

Wie g'sagt, ich bin ganz traditionell aufg'wachse. Ein Vater, ein Mutter,
ein Kind. Dass ich Kabarettist g'worde bin, hab ich meinem Vater zu
verdanke. Der war bei der Geburt mit dabei. Aber nur zum Zugugge.
Grad bin ich rausg'schlupft, na hat er g'sagt:
    »Was isch denn des für an Komiker.«

Auch von der Mutter hab ich sehr viel mitbekomme auf dem Weg zum
Satiriker.

»Mutter, ich möcht Unterwäsche mit Jennifer Lopez drauf!« – »Jesses,
Bub! Du mit deiner schwache Blas!«

»Mutter, ich bin an Heilig Abend net daheim!« – »Jesses, Bub! Wohin willsch mich denn einlade?«

»Mutter, ich möcht aus der Kirch austrete.« – »Jesses, Bub! Aber bis zur Spätmess bisch wieder da!«

König?

»Menschen brauchen Märchen. Und Märchen brauchen Menschen, sonst werden sie nicht wahr.«

Deswege hab ich mich zum König von Baden gekrönt. Dass Könige wichtig sind, weiss mar, seit es den Froschkönig gibt. Ohne ihn wäre die Fraue arm dran.

»Herr Kräuter, wie sind Sie König von Baden g'worde?«

Ich war an kleiner Kerle, da hat die Mutter g'sagt: »Bub, du bisch halt doch mein Prinz!« Ich habs als nimme höre könne.

Na war ich 18 und sie hat immer noch g'sagt: »Bub, du bisch halt doch mein Prinz!« Verstehsch, ich 18 Jahr alt, 2,10 Meter lang und dann an Prinz.

Ich war 42, Frau und Kind hab ich g'habt. Bin auf eig'ne Füß g'stande, und die Mutter hat immer noch g'sagt: »Bub, du bisch halt doch mein Prinz.«

Na hab ich die Nas voll g'habt, und es isch in einer Mischung von Verzweiflung und Knitzheit grad so aus mir rausgeplatzt: »Zum Guggugg! Mutter, ich bin kein Prinz. Ich bin de König!«

Richtig laut ang'schrie hab ich mei Mutter. Und den Schrei hat mar in ganz Baden g'hört. Und seither bin ich der König von Baden.

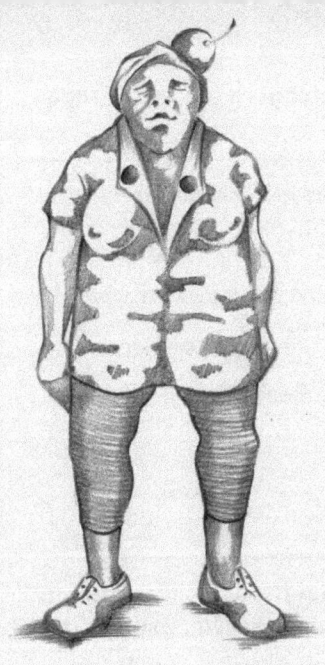

Die vier Jahreszeiten

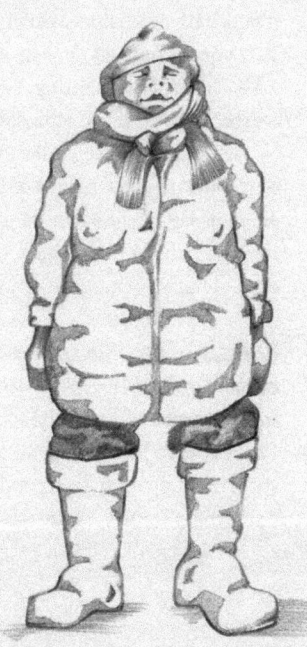

Drei Antworten auf immer wieder gern gestellte Fragen meines Publikums

»Herr Kräuter, sage Sie mal. Könne Sie vom Schreibe lebe?«
»Ich kann sogar vom Lebe schreibe.«

»Herr Kräuter, sage Sie mal. Trägt sich des, was Sie da mache?«
»Mich schon. Ich bin net so schwer!«

»Herr Kräuter, sage Sie mal. Verdiene Sie g'nug?«
»Verdiene tät ich mehr!«

Beipackzettel

Kürzlich war ich mit meiner Traudl im Theater. Sommernachtstraum von Shakespeare. Modern inszeniert. Sehr modern. Vom Stück an sich war nicht mehr viel übrig gebliebe. Die Schauspieler ware nackig, die Bühn schräg, und mir ware dann froh, dass mir net auch noch habe mitspiele müsse. Was ich damit sage will: Wenn mir des einer vorher g'sagt hätt, wäre mir daheim gebliebe. Oder mir hätte im Programmheft vorher nachg'lese, was der Regisseur mit dem Stück anrichte will. So a Gebrauchsanleitung, beziehungsweis an Beipackzettel fürs Theaterstück isch gar net schlecht. Und bei Bücher isches genauso.

Alla gut! Deswege die folgende Orientierungshilfe. Viele Texte in dem Buch sind g'schriebe wie g'sproche. Sozusage aufs Papier gebabbelt. Meiner Alltagssprach entlangg'schriebe. Des war net einfach, weil es innerhalb der 543 mittelbadischen Dialekte Laute gibt, die im deutsche Alphabet nicht vorkomme. Und a badisches Alphabet gibts net. Noch net!

Badisches oa: »Mit was haschen den Salat oagmacht?« Mar (Man) sagt bei uns im Mittelbadische weder ogmacht mit reinem o, noch agmacht mit reinem a. Mir spreche so a Mischung aus o und a. Die besteht aus 40 Prozent a, 40 Prozent o, 18 Prozent h und 2 Prozent Luft. Wird a schriftsprachliches o mit spitzrunde Lippe nach vorne g'sproche, so hat des badische o seinen Ansatz im Rachevorhof, also anderthalb Zentimeter vorem Zäpfel. Übrigens weiß mar inzwische, dass unser badisches Zäpfel im Schnitt ein bis zwei Kubikmillimeter größer isch als wie a schwäbisches. Somit isches leistungsfähiger. Dieses mittelbadische »oa« entsteht zwische unsere Stimmritze und wandert von dort Richtung Ausgang. Auf seinem Weg in die Freiheit kriegt es vom Zäpfel an Schubser und wird dann mit 2 Prozent heißer Luft ins Freie geblase.

Schwabe (Schwoabe) spreche in die Breite, Badener in die Tiefe, also von hinte nach vorne. Und weil 's Zäpfel nur vor und zurück bammble kann und net seitwärts in die Breite, wirds im Badische einfach mehr g'fordert und durchblutet. Und des weiß mar ja (joa): Was gut durchblutet wird, des wachst.

Vorsicht Sonderfall! »O a g'nehm« (Deutsch: Unangenehm). Da muss der Leser aufpasse. Des wird so ausg'sproche: oa a g'nehm. In manche Regione auch u a g'nehm.

Unbestimmte Artikel wie »ein, eine …« werde im Mittelbadische ersetzt durch a beziehungsweise an. So ein Käse = So an Käs.

Weglassunge, Unterschlagunge, Verschluckunge g'höre zu unserer Sprach wie die Wurst zum Weck. Gern wird bei uns am e g'spart. »Geh'n« statt »gehen«, »subbb'r« statt »super«. Grad dieses Adjektiv »subbb'r« scheint im nordbadische Sprachraum unverzichtbar zu sein und wird auf sehr eigetümliche Weise moduliert. Scharfes s am Anfang, drei weiche b in der Mitte, e wird im Speichelfluss abg'leitet, r zwische de Stimmritze gequetscht und dann nicht über den Racheraum nach auße gepresst, sondern durch Aufklappe vom Kehlkopfdeckel nach unten falle g'lasse. Was mar dann hört, des isch des Echo von dem Plumps: »Subbb'r!«

Von der Anatomie der Sprachorgane isch des für Neig'schmeckte gar nicht sprechbar, denn diesen Klappmechanismus im Kehlkopfdeckel besitze fascht nur mir Badener. Einer isch allerdings evolutionsmäßig noch weiter entwickelt: der Sachse.

Der muss seinen Kehlkopfdeckel nicht mehr von Hand umklappe, denn er hat am Kehlkopfdeckel a automatische Hydraulik, wodurch dieses »subbb'r« direkt in den Bauchraum runterfällt. Wenn mar sich also mit einem Sachsen unterhält, weiß mar nie genau: »Redet er mit dir, verdaut er grad oder knurrt sein Mage?«

Gern werde in meiner Heimat Worte zusammegezoge. Aus »sind wir« mache mir »simmer« und aus »um etwas herum« mache mir »drumrum«.

Beispiel: Mir ware gestern im Wald. Da simmer g'stande, drumrum nix als wie Bäum. An riesige Steinpilz hämmer g'funde, drumrum lauter Satanspilze. Du glaubsch nicht, wie mir dann daheim um den Esstisch drumrum g'sesse sind und uns die Pilz habe schmecke lasse. Im Krankehaus sind die ganze Ärzt um unsere Bette drumrum g'stande. Ich hab dann zum Chefarzt g'sagt: »Herr Dokter, rede Se net lang drumrum. Simmer noch zu rette?« Dann sagt er: »Herr Kräuter, mir habe in Ihrem Mage so an riesige Satanspilz g'funde. So ein Drum! Und jetzt isch rum.«

Drumrum isch klarer und eindeutiger als wie außen herum. Mar sagt ja net: »Herr Dokter, rede Sie doch net außen herum.« Mir merke uns: Drumrum isch korrekter als wie außen herum.

Als wie. Fast schon verbalen Kultstatus besitzt unser legendäres »als wie«. Der badische Komparativ. Normalerweis sagt mar im Deutsche, wenns gleich isch, »wie«, wenns ungleich isch, »als«. Im Badische sagsch immer »als wie«. Satanspilz isch net so g'sund als wie Steinpilz.

Mir. Mir Badener sage net »wir«, wenn mir »uns« meine. Mir sage »mir«. »Wir« wird bei uns nur als Vorsilbe verwendet. »Wir-sing«, »Wir-us« oder »Wir-tschaft«. Sag ich jetzt aber: »Mir isch des egal«, dann mein ich natürlich nicht uns alle, sondern dann mein ich mich. »Mir« gibts als Plural und als Singular. Der sogenannte badische Singural.

Sag ich aber: »Mir Badener«, dann mein ich allerdings uns alle und mich. Da kammer jetzt den badische Singural umforme zu »muns«. »Des Auto g'hört muns. Mir und meiner Frau. Muns.« Jetzt darf mar natürlich »muns« und »meins« net verwechsle. Grad beim Auto komme da zwische Ehepartner gern Rivalitäte auf. Da muss es dann heiße: »Munser Auto isch meins.« Denn »meins« kommt immer vor »muns«.

Grundsätzliches zum Lese, Schreibe und Spreche in Baden. Beim Lese hat sich unser badischer Urahn erst mal schwergetan. Arg schwer. Grad isch der Buchdruck erfunde, schlägt er sein erstes Buch auf. Liest die erste Zeile von links nach rechts und die zweite Zeile von rechts nach links.

Warum? Weil der Badener nie einen Weg leer geht. Des hat ung'fähr 200 Jahr gedauert, bis er g'sagt hat:»Dunnerlattl, des macht ja gar kein Sinn, was ich da les. Ich muss wohl jede Zeile von links nach rechts lese.« Na hat er also lese könne:»Schwanen, Rössel, Krone«. Kaum isch er in der Wirtschaft dring'sesse, hat er beim Lese von der Speisekart g'stöhnt:»Dunnerlattl, jetzt muss ich auf einmal von rechts nach links lese. Ich muss ja erst emal den Preis wisse.«

Grad hat er die fürs Lese unverzichtbare, horizontale Pendelbewegung draufg'habt, sind die erste Telefonbücher rauskomme.»Ja Dunnerlattl, jetzt muss ich ja schon wieder umstelle.« Diesmal von obe nach unte. Na isch er misstrauisch g'worde.»Wer weiß, was da noch alles an Umstellung auf mich zukommt. Jetzt wart ich ab, bis es Hörbücher gibt.«

Im Gegesatz zum Rheinländer, der ja bekanntlich ohne Punkt und Komma spricht, spreche mir Badener die Satzzeiche mit:»Aber jetzt mach emal an Punkt!« Mir spreche also den Punkt.

Es gibt weltweit keinen Sprachraum, wo mar a Fragezeiche ausspricht. Nur der Badener hat diese phonetische Gabe, a Fragezeiche zu spreche. Des hört sich beim kurz g'sprochene Fragezeiche so an:»Hä!« Und beim lang gezogene Fragezeiche:»Häääh!«

Artikel benutze mir im Badische sehr frei. Sage mir zum Beispiel»der Badener«, dann isch sowohl er als auch sie, die Badnerin, g'meint.

Beispiel:»Der Belzmantel g'hört der Traudl.« Mar sagt:»der Traudl«. Der Begriff »Traudl« isch bei uns eine g'schützte Marke. So wie mar auch sagt:»Schwarzwälder Schinke«. Also ein zertifiziertes Landesprodukt.»Traudl« isch im eigentliche Sinn somit kein Name, sondern mehr eine Art Typenbezeichnung.»Dem sei Traudl.« Jetzt kanns allerdings vorkomme, dass die Traudl auch mit Namen Traudl heißt. Dann rufsch deiner Traudl und a Monika kommt.

Jetzt aber nur Mut, liebe Leser. Ich hab unser verstrubbeltes Mittelbadisch so aufs Papier gebracht, dass es selbst die Verwandtschaft aus Hannover versteht.

Januar

Der 1. Januar 2015 isch an Donnerstag. Jeden Donnerstag werd ich nervös, weil ich am Freitag die Zeitungskolumne für die kommende Woch schreibe muss. Und wenn mir am Donnerstag nix einfallt, fallt mir am Freitag erst recht nix ein. Und am Samstag gleich gar nix.

Zum Glück isch am Samstagmorge vor der Bühler Kirch unser Wochemarkt. Dort steh ich dann so gege viertel achte. Also Viertel nach siebene. 7.15 Uhr. Ganz exakt: Wenn die Marktständ aufgebaut sind.

Ich hoff zwar jeden Samstag, dass dort irgendwas passiert, damit ich des in meiner Kolumne verwende kann, aber leider isch der Markt im Winter net sehr geeignet für Spektakuläres. Es bricht ja kein Marktstand unter dem G'wicht von Tomate z'amme. So wie im Sommer. Es wachst ja kaum was in der kalte Jahreszeit. Und so sind die Ständ recht mager bestückt.

Bei der Frau Knopf aus Urloffe liege grad mal a paar frierende Meerrettich in de Kist. Bei dem G'müs muss ich immer an Oberschenkelknoche denke und na vergeht mir der Appetit. Wirsing hats als noch, Äpfel und Gelbe Rübe. Und jetzt koch mal aus der Mischung was.

Wenns an warmer Januar isch und wenns dazu noch stürmt und regnet, na kanns schon mal passiere, dass die große Marktschirm über den Platz segle oder dass die Bollekapp von de Frau Knopf ihrem Kopf geblase wird.

Bollekapp

Von mir aus kanns schneie, von mir aus kanns stürme
könne Schneewehe sich 15 Meter hoch türme
von mir aus könne Autos die Orientierung verliere
Fußgänger auf der Straß festfriere
des isch mir egal, da lach ich mich schlapp
denn ich hab ja a warme Bollekapp

Ohne mei Bollekapp könnt ich nicht lebe
noch nicht mal der Traudl tät ich sie gebe
von der Mutter g'strickt und der Bolle famos
damit mar sie sieht, isch der Bolle recht groß
an roter Bolle, sehr gut zu seh'n
steh ich an der Ampel, will keiner mehr geh'n

Weil keiner weiß, wann der Winter anbricht
zieh ich die Kapp des ganz Jahr ins G'sicht
ja gut, im Sommer, wenn im See ich mal tauch
dann hängt mir der Bolle bis nunter zum Bauch
doch kaum scheint die Sonn auf mein riesige Bolle
dann strahlt wie der Klatschmohn die knollige Wolle

Ich war 18, da wusst ich, was Fraue so wolle
an großer, saftiger, roter Bolle
da brauch ich kein Porsche, mich zu beweise
ich lass die Mädle in mein Bolle neibeiße
des wirsch du nicht glaube, keine hat g'mäkelt
wenn mei Mutter des wüßt, hätt sie Topflappe g'häkelt

Dann hän se mich g'mustert, also mich und mei Kapp
»He, Sie dahinten, die Mütze ab!«
ja der spinnt doch, der Dolle, ich mach doch kei Faxe
die Kapp isch an meinem Kopf angewachse
bei der Marine sollt ich als Boje anfange
doch mit some Bolle wär ich gleich unterg'ange

Meistens hängt nach eme Sturm die Bollekapp von der Frau Knopf beim
türkische Blumeverkäufer zwische de Rose. Beim Anblick von dem
Stand überleg ich mir, ob ich was über die hochfrisierte Blume schreibe
soll, die in Guatemala von Kinder gepflanzt, mit Giftbrüh g'spritzt und
nachher mit nackige Kinderhänd g'schnitte werde. Und des alles, damit
mir badische Männer am Wocheend unsere Fraue beeindrucke könne.
    Was mich betrifft, ich bring meiner Traudl kei Rose mit, dafür
Gelbe Rübe. Da macht sie dann am Mittag Erbse (kastriert ... also aus

der Dos) und Gelbe Rübe. Als eingefleischte Amateur-Vegetarier und Hobby-Veganer drücke mir alle Auge zu und mache am Wocheend dazu Fleischküchle. Dabei unterhalte mir uns gern über g'sunde Ernährung. Die beste Beiträg bringt dann immer mein 17-jähriger Sohn, der altersbedingt eh alles besser weiß.

Vollkorn sei nicht zu Ende gedachtes Essen, sagt er. Banane tät mar ja auch nicht mit der Schal esse. Vollkorn tät seinen Kiefer deformiere. Ich soll mal a 5000 Euro teure Zahnspang nemme, a Stück Dinkelvollkornbrot von vorgestern, und dann soll ich ihm a Versicherung sage, die dafür Vollkasko anbietet. Er hätt kürzlich sein Schulbrot, Roggen-Hafer-Dinkel, auf die Straßebahnschiene g'legt. Straßenbahn entgleist!

Seine Schulkamerade hätte alle schon Pickel, Vollbärt und nächtliche Erektione. Nur bei ihm tät nix passiere. Wege Zwangsernährung mit Vollkornprodukte.

Da fallt mir dann nix mehr ein, wenn der von der Schul heimkommt und sich beschwert, dass ihm nach sechs Stunde Schulstress am elterliche Mittagstisch nachwachsendes Esse entgegenwuchere tät. Sprosse, Keime und Spore. So schnell könnt er gar nicht gucke, wie ihm dieses Unkraut entgegeschießt. Schon der Anblick dieser vegetarischen Tellergerichte würd bei ihm zu Methangasverpuffunge führe. Mir, seine Eltern, sollte endlich mal kapiere, dass die globale CO_2-Anreicherung durch die ernährungsbedingte Furzerei der Rohkostfresser verursacht wird.

An der Stelle tickt dann meistens sei Mutter aus. »Ja, wie redsch denn du mit deine Eltern. Isch des jetzt der Dank, dass dich dei Mutter unter Schmerzen gebore, deine Heilpraktikerin jede Windpocke einzeln besunge hat. Und dein Vater dir zu Weihnachte Playmobilmännle g'schnitzt hat. Aus Biokartoffeln! Immer nur des Beste: Waldorfkindergarte, Waldorfgymnasium, Waldorf-Fahrschul.«

Anstatt dass der Kerle dann Ruh gibt, setzt er noch eins drauf. Mir seie ja die Zeugen Jehovas der Kulinarik. Des sei ja des Letzte. Vegane Eltern. Er hätt g'nug von Tofu-Zwiebelrostbrate, Schnittlauchg'schnetzeltem oder Sojakuttle.

A Zwiebel hätt siebe Häut, an Veganer drei. Er hätt bei uns immer so des G'fühl, er müsst uns füttre. Seine eigene Eltern, diese ausg'mergelte, blassgrüne G'stalte in kurze Kunstlederhösle. Höhenverstellbare Auf-

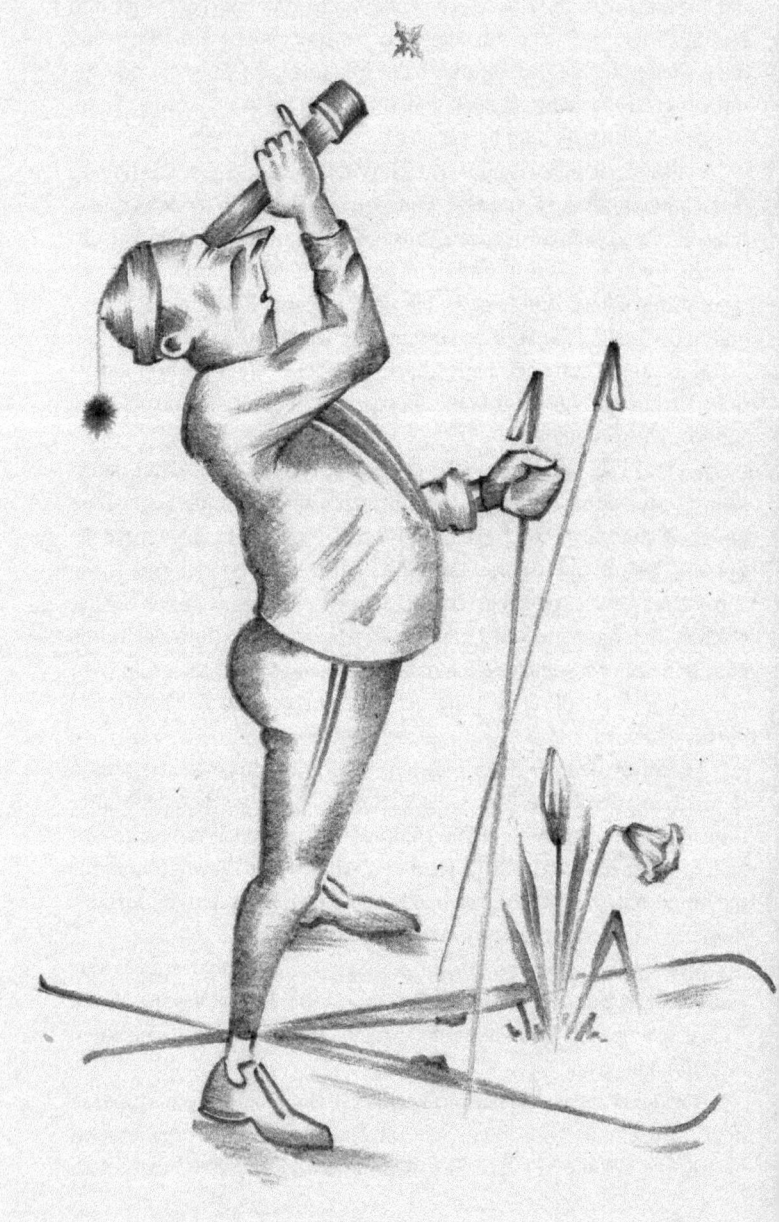

hängung, ahorn- statt hirschhorngeknöpfte Zentralverriegelung, Rammschutz mit Doppelhodengitter und integriertem Notausstieg im Haferldesign. Bioklamotte aus luftgetrocknetem Altpapier, Rudolf-Steiner-Sandale, Krawatte aus chilenischer Wildseide, kaltgepresst! Drunter nachwachsende Unterhose. Die ganze Klamotte kompostierbar. Diskussione bräucht mar mit uns gar net anfange, weil mir ja eh alles besser wüsste.

Da könnte mir lang argumentiere. Des Ozonloch tät von der Industrie, von Autos und Heizunge komme. So blöd wär er ja nicht. Des wüsst doch jeder, dass die Veganer Tag für Tag neue Ozonlöcher in die Erdatmosphäre pupse mit ihre gastritische Biogasanlage. Es gäb zu dem Thema a gute und a schlechte Nachricht, sagt er. Die gute zuerst: Paläontologe sage, die Veganer sterbe aus. Genauso wie die Saurier. Die schlechte Nachricht: Es kann Millione von Jahre dauern.

Zwar isch mir nach dem seine pseudowissenschaftliche Ausführunge der Appetit vergange, aber wenigstens hab ich für meine nächste Zeitungskolumne a Thema.

Wintersport

Wer so wie ich im Nordschwarzwald aufg'wachse isch, der hats meistens mit Wintersport. Wemmer älter wird, isches dann nimme so wild. Da wird dann weniger über Schanze g'hupft und Schirenne werde auch weniger g'fahre. Da zottle mir Frührentner g'mütlich durch die Loipe und trinke in der Darmstädter Hütt Kaffee oder Jägertee. Bei der Teevariante isch die Abfahrt runter zum Seibelseck dann an Mordsspaß.

Leider isches aber nimme so wild mitem Schnee. Kannsch froh sein, wenns im Januar endlich a paar Zentimeter hinhaut. Früher simmer mit unsere Eltern zum Schifahre auf die Unterstmatt naufg'fahre. Mit unserem DKW F11. Voll bis unters Dach mit Equipment. Vier Persone, acht Schier, acht Stöck, acht Lederschuh mit Metallschnalle. Da hat jeder Schuh acht Kilo g'woge. Acht Schischuh, also an knapper Zentner allein die Schuh. Wattierte Anoraks, wenn die nass ware, da bisch du ohne fremde Hilfe nicht mehr aufg'stande.

Damals hats so viel Schnee g'habt, da hat jeder Skifahrer noch ein Lawinen-Verschütteten-Suchgerät g'habt. Mir habe allerdings drauf verzichtet, weil mir an Hund g'habt habe. Auch noch mal 25 Kilo in dem DKW. Und die Mutter hat am Neusatzeck aussteige müsse, um den DKW zu schiebe.

Wenn zu der Zeit einer g'sagt hat: »Guck, der wedelt!«, dann hat des jeder verstande. Heut versteht des keiner mehr. Des sin so alte Begriffe, die heut keiner mehr in den Mund nimmt. Wer da g'wedelt hat, war unser Hund mitem Schwanz, wenn er mal wieder einen von uns aus der Lawine ausgegrabe hat.

Jetzt gibts aber immer wieder Mensche, die die Hoffnung auf an strenge Winter net aufgebe. Des sind die Schwabe, die wie die Presser bei uns drauße am Baggersee vor ihre aufgeblasene Wohnmobile hocke. In Campingstühl hänge wie Sandsäck bei Hochwasser, kurze Hose und Schlittschuh an de Füß. Glotze aufs Wasser, des ums Verrecke net zug'friere will, während ihre Fraue nebedran im Auwald kläglich verende, weil sie auch bei der zweite Bärlauchernte die Knoblauchg'wächse mit giftige Maiglöckle verwechsle. Deswege sagt mar bei uns auch: »Maiglöckle im Herbscht – da sterbscht.«

Als Kinder simmer früher an Allerheilige mitem Schlitte von der Hornisgrinde bis nunter zur Bühler Stadtkirch g'schosse. In einem Rutsch. An Allerheilige! Da hat die Gehirnerschütterung bis zum Volkstrauertag gedauert.

Schlittelied

Die Traudl und ich und an eisiger Wind
mit em Schlitte hintedran auf die Hornisgrind
bei jedem Schritt musch du irrsinnig schnaufe
vor uns riesige Tiefschneehaufe
Lawine donn're und Schneebretter krache,
und die Traudl stöhnt verzweifelt: »Jesses, müsse mir des mache?«

Im Windschatte von zwei Schwarzwaldtanne
Zwetschgewasser aus Thermoskanne
die Bollekapp tief ins G'sicht
»komm, Traudl, komm, sorg dich nicht
Bahn frei, Kartoffelbrei
an schöner Gruß und Apfelmus!«

Beim Schlittefahre darfsch du niemals denke
weil du sonst vergisch mit em Schlitte zu lenke
du lenksch mit de Füß, verlagersch 's G'wicht
gibsch em Schlitte an Befehl, meistens macht er's nicht
die Traudl schreit und würgt mich von hinte
ja, wie soll ich als Pilot die Richtung da finde

A Mordsgefälle, vereiste Fläche
die Traudl stöhnt: »Des wird sich räche!«
kein Airbag, kein Navi, kein ADAC
nur mir und de Schlitte und zwei Meter Schnee
»Bahn frei, Kartoffelbrei
an schöner Gruß und Apfelmus!«

Die Kufe glühe, ich kann nix sehe
mir pflüge durch riesige Tiefschnee-Wehe
am Ochsestall, da biege mir ab
und schieße mit Karacho de Schihang nab
die Snowboarder liege wie gestrandete Wale
und der Schilehrer schimpft: »Die mache Randale!«

Rosekranz bete und heftiges Quengle
während mir mit 120 durch die Schonung schlängle
an Auerhahn, der will grad balze
während mir ihn mit em Schlitte niederwalze
»Bahn frei, Kartoffelbrei
an schöner Gruß und Apfelmus!«

Inzwische hän mir so a Tempo drauf
die Schwerkraft bestimmt den weiteren Verlauf
schneller und schneller, der Weg wird steiler
bei der Unterstmatt zwei riesige Schilift-Pfeiler
mir sprenge an Schikurs und die Schifahrer liege
während Schier für 5000 Euro rumfliege

Dann machts an Schlag und es fliege die Scherbe
die Traudl ganz verzweifelt: »Ich will noch net sterbe!«
mir liege im Kiosk und die Apres-Schi-Gäste
bestaune unsre kläglichen Überreste
»Bahn frei, Kartoffelbrei
an schöner Gruß und Apfelmus!«

Des mit em Winter isch so a Sach. Eigentlich lebe mir Badener im
Einklang mit de Jahreszeite. Aber die Jahreszeite leider nicht im
Einklang mit uns. Im Prinzip habe mir hier nur noch Frühsommer,
Sommer und Spätsommer. Wobei der Südbadener zum Spätsommer
Frühherbst sagt und der Nordbadener statt Frühwinter Spätherbst.
Der Vorfrühling fällt dann schon mal in den Spätwinter. Isch etwas
gewöhnungsbedürftig. In manche Jahre ernte mir die ganz späte
Spätzwetschge im sehr frühe Vorfrühling.

Wenns früh'r im Januar g'regnet hat, dann wars meistens Schnee.
Heut kommt der ganze Schnee als Regen runter. Und zwar alles auf
einmal. Wenn die Kinder heut überhaupt noch in Kontakt mit »Väter-
chen Frost« komme, dann heißt der »Eismann« oder »Bofrost«.

Heut kannsch doch wirklich im Januar mit em Hemm rumrenne.
Manchmal sogar kurzärmlig. Hier in der Region unterscheide mir:
Fortgehhemm, Daheimrumhemm und Nachthemm. Ich kann mich
gut erinnere, als Kinder habe mir noch a warmes, karierteltes Hemm
getrage. Da war meistens an Schlenzer drin. Und wer de längste
Schlenzer g'habt hat, der war de »Schlenzer-King«. Gibts heut nicht
mehr, den »Schlenzer-King«. »Burger-King« ja, aber »Schlenzer-
King« kennt heut keiner mehr.

Wie oft wollt ich im Januar meiner Traudl an Pelzmantl kaufe.
Keine Chance. Es isch einfach zu warm. Früher, zur Keltenzeit, da hat

mar bei uns zum Pelzmantl »Frattl« g'sagt. Die ältere Leser kenne ihn vielleicht noch, den »Frattl«. Das war ein aus Biber, Ratte oder Hamster zammeg'nähter Umhang. Der »Frattl«.

Während der germanischen Lautverschiebung bei uns isch aus dem »Frattl« dann der »Frautl« g'worde. Und weil dieses Kleidungsstück nur die Fraue getrage habe (die Männer habe ja den Mantl getrage), hat mar ab dieser Zeit die »Frautl«-Trägerin als Frau bezeichnet. Sagt mar heut noch. Die Frau. Da gugg, die Frau, des isch die Traudl mit ihrem »Frautl«. Der »Frautl« isch also a »Kep« mit »Kabutz«, a sogenanntes »Kabutzekep«. Daraus hat sich dann später der »Tränschkot« ohne »Kabutz« entwickelt, genauso wie der »Klebbermantl« beziehungsweise »Klepperfrautl« in Form vome »Tränschkot-Kabutzekep« ohne »Kabutz«, dem sogenannte »Klebberkepkabutzefrautl«.

Obe im Südschwarzwald an dicker »Pelz-Frautl«, in der Rheinebene an dünner »Rege-Frautl«. Nur der »Bad-Frautl«, also des Wort hat sich nicht durchg'setzt. Im Nasszellebereich trage auch die Fraue den »Mantl«, den »Badmantl«.

Also wie gesagt, des mit dem Winter isch so a Sach. Letzt Jahr war des so: Ich steh vor meiner Garage und wart. Nix Winterliches passiert. Ende März zieh ich die verschwitzte Bollekapp runter, schlupf in meine Sandale, leg mein Starterkabel zamme und geb mich g'schlage. Und was passiert: Es schneit!

Ferne Paradiese

Meistens passierts im Januar. Da pfupferts mei Traudl. Dann will se fort. In de Süde. Des isch für mich a schwere Zeit. Ich bleib nämlich lieber daheim. Ich habs net so mit em Verreise. Und mit em Fliege erst recht net. Dann muss ich alle Register ziehe, um die Traudl von der Attraktivität unsere Heimat zu überzeuge.

Na sag ich: »Was soll ich denn um die halbe Welt fliege, mir an polynesischer Tempel anglotze, um dann festzustelle: Der Europa-Park Rust hat mich mehr beeindruckt. Warum soll ich mir Mallorca-Akne, katalonisches Blähfieber oder Malediven-Krätze einfange, wenn ich daheim meinen badischen Pseudokrupp habe kann. Traudl, du kannsch doch hinfliege, wohin du willsch. Du triffsch immer einen, dem du daheim schon aus dem Weg gehsch.

Guggemol, Traudl, bei uns in der G'meinde hat jetzt an Südsee-Schamane zamme mit drei rumänische Blutegel a Gemeinschaftspraxis aufg'macht. Der macht Hula-Hula-Gymnastik bei Rückenschmerze, schnitzt biodynamische Zahnspange aus Haifischknoche, macht Akupunktur mit Fischgräte, Schwangerschaftsgymnastik nachem Mondkalender, Eheberatung nachem Müllkalender.

Dann habe mir a neues Spaßbad. Da werde am Wocheend Tsunamiwelle simuliert, da hasch du radioaktive Feuerqualle, sterbende Wale und undichte Öltanker. Mir habe am Ort a Moschee, zwölf Döner, zwei Thaisalons, an Chines, an indischer Computerlade, a Russedisko, a australische Straußefarm, a kanadische Eishockeymannschaft und an schwäbischer Brezeldesigner. Aber da geh'n die Einheimische nicht hin, weil der mit em Salz spart. So, und jetzt sag du mir einen Grund, warum ich fortfliege soll.

Mir habe doch alles. Mir habe jetzt sogar an Nationalpark im Schwarzwald. Jesses, stell dir des vor. Ein Nationalpark mit echter Natur drin. Biobäum aus lebendem Totholz. Wo gibts denn des noch. Ganze Schwärm von Touriste falle da ins Totholz ein. Und Schulklasse werde von der Rancherin in den Bannwald g'führt, damit die auch mal sehe, dass net nur ihr Kinderzimmer unaufg'räumt isch.

Und dann sagt die Rancherin ganz leise: »Vorsicht, Kinder, der Bannwald ist ein gefährlicher Wald. Noch gefährlicher als Call of Duty, Battlefield Heroes und Counter Strike.«

An der Stelle meldet sich dann meine Traudl zu Wort und sagt, dass sie ihren Urlaub nicht mit Wölfen verbringe will. Ich könnt mich ja ins Unterholz schlage, aber sie bevorzugt doch lieber Beachwalking in der Südsee. Die Insel, die sie sich ausg'sucht hätt, sei 4000 Meter lang und drei Meter breit. Das Eldorado der Beachwalker. »Jaja«, sag ich dann. »Die komme heim und könne nur noch gradaus laufe. Die müsse vier Woche in die Ergotherapie, um wieder die Kurv zu kriege.«

Da drauf weiß meine Traudl natürlich gleich wieder was: »Da gibts super Angebote, da isch die Ergotherapie gleich mit drin. Flug, Vollpension, Walkingstöck, Ergotherapie, all inclusive, aber auch wirklich all. All in one oder wie mar bei uns sagt: Komplett mit alles. Mar muss nicht, aber wenn mar all will, kriegt mar all in one komplett mit alles. Da isches manchmal so, dass mar mittags gar net all will, weil mar von morgens noch komplett voll toll isch von dem ganze all in one.«

Na sag ich: »Ach komm, Traudl, Walking könne mir auch daheim mache. Also Hochleistungsspaziere. Dreikampf: Schlendern, Trotteln, Bummeln. Zählt zur härtere Gangart unter de Extremsportarte. Na mache mir zwei Paarlauf. Weisch, Traudl, Synchronschoppe. Des magsch du doch!«

Dann geh'n mir am Samstag in die Fußgängerzone zum Intervalltraining. Zehn Meter voll schlendern, stehe bleibe und Schaufenster angugge. Danach 20 Meter voll trotteln. Und wieder steh'n, Schaufenster angugge. Bis mir dann in vollem Speed (zwei Einkaufstasche links und rechts und im dicke Wintermantel) durch die überheizte Einkaufspassage bummeln. Da sin mir dann fix und fertig. Einziger Nachteil: Isch net ganz billig. Aber Südsee wär teurer.

Paris

Ganz am End vom Januar bin ich dann mit meiner Traudl nach Paris g'flohe, weil mir beide Anfang Februar Geburtstag habe. Und dann noch alle zwei an runder. Runde Geburtstag sind ja auch wieder so ebbes. Da könntsch bei manche Jubilare meine, die Bundeskanzlerin kommt zu B'such. Oder de Papst. Runde Geburtstag werde bei uns g'feiert wie Sechser im Lotto. Dagege sind normale Geburtstage gar nix. Wenn bei uns in der Gegend einer an runder Geburtstag hat, sage mir mal so ab 60, dann siehsch an dem Haus Dekoratione wie an Weihnachte. Der ganze Gartezaun isch mit Girlande bandagiert wie an Schwerverletzter. Birkewälder werde abgeholzt und in de Garte g'stellt. Und damit die ausg'hungerte Gäst in ihrem absichtlich ang'staute Heißhunger und ihrem maßlose Durst mit em Auto net in den Hof vom Jubilar neibrettere und die Blumekübel demoliere, hängt a mit Tannereisig verziertes Verkehrsschild über der Einfahrt: Höchstgeschwindigkeit 60!

Also wie gesagt, mir habe unsere runde Geburtstage in Paris g'feiert. Echt, so rund war unser runder Geburtstag noch nie. Von dort hab ich dann am Samstag meine Zeitungskolumne an die Redaktion daheim g'schickt.

Und von was schreibsch, wenn du in Paris im Exil hocksch? Vom Heimweh. Schon im TGV von Straßburg nach Paris hab ich Heimweh kriegt. Wie mir dann später in der Metro hocke, denk ich so bei mir: Ja, Heimat isch erst schön, wenn mar sie grad net um sich hat.

Die Metro isch a super Sach. Etwas schneller als wie unser öffentlicher Zwetschgebus in Bühl – und vor allem anders Publikum. Ganz anders. International. 1 : 0 für Paris.

Wie ich dann den riesige Überseekoffer von meiner Traudl durch den Pariser Underground schleif, denk ich: Des wär jetzt Stoff für a separate Zeitungskolumne.

G'wohnt habe mir im Ortsteil Montmartre. Dort sind die Häuser etwas höher als bei uns in Bühl. Dafür sind die Wohnunge winzig und die Badwanne so klein, dass mar in Embryonalstellung bade muss. 1 : 1, Bühl gleicht aus.

Am nächste Tag wollte mir aufem G'müsmarkt am Montmartre 200 Gramm Feldsalat kaufe. Weil der aber aus Reunion kommt, isch er a paar Euro teurer als die Urloffer Sonnewirbele von meiner Frau Knopf. Und des Stangeweißbrot schmeckt ehrlich gesagt daheim mehr französisch als wie in Paris. 1 : 2! Bühl führt.

Zum Schobbe isch des Paris kaum zu schlage. Die barocke Architektur im La Fayette und Printemps darfsch umsonst angugge, aber für alles andere musch tüchtig bleche. Bei uns im Kaufhaus Peters isches da schon günschdiger, aber mit a bissele mehr Stuck an der Deck könnte se dort die Kaufstimmung von der einfallende Landbevölkerung besser rauskitzle. Paris gleicht aus. 2 : 2!

Dann habe mir an Spaziergang g'macht, nauf zu dem römischbyzantinische Basilikum. Sacre Coeur. Singende Asylante, verzückte Nonne, illegale Souvenirverkäufer, Harfezupfer und grimmige Soldate, die durch den touristische Brei patrouilliert sind wie Zinnsoldate. Des Basilikum von inne zu beschreibe wär auch wieder a eigenes Kapitel.

Aufem Heimweg steh'n mir dann plötzlich, ja Dunnerlattl, ich glaubs ja kaum, mitte in Paris vor me kleine Weinberg. Alles hätt ich erwartet, bloß des net. Gleich unterhalb von Sacre Coeur in der

Rue des Saules. Dort steht auf ere Tafel, dass des Rebfleckel seit dem 18. Jahrhundert seine 1200 Fläschle Sauerampfer abwirft. Mitte in der Stadt, wo sich kei Reblaus heimisch fühlt. 27 Rebsorten wachse da und daraus wird an Cuvée gebastelt, der selbst uns trinkfeste Badener aus de Schlappe haue tät.

Dazu brauche mir allerdings grad mal zwei Rebsorte. Aber voilà! Eins hat der Pariser uns Bühler dann doch voraus. Er fährt mit der Metro zum Herbschte. Paris g'winnt 3 : 2!

Februar

Heut möcht ich Grünkohl koche. Bei drei Persone am Tisch brauchsch zwei Persone zum Trage von dem gigantische G'müs. Es isch grad, wie wenn mar an Christbaum heimschleppt. Die Frau Knopf lacht, wie ich des Gestrüpp versuch in meinen Einkaufskorb zu stopfe.

An dem Morge isch sie eing'mummelt wie an Eskimo, die Frau Knopf. Es isch so kalt, dass selbst die Rettich bibbere. Überm Feldsalat liege Kartoffelsäck, und für die innere Erwärmung trinkt die Frau Knopf an Pfefferminztee aus ihrer Thermoskann.

»Ich frier net«, sagt sie zu mir. »Heut hab ich meinen Überlebensfleece Polar 3000 drunter. Der geht bis minus 20 Grad. Zwische Parka und Moonboots isch kein Platz mehr, wo die Kaltluft neischlupfe könnt, weil mir die Moonboots bis zur Hüfte geh'n. Ich hab kei kalte Füß.«

Des leuchtet mir ein, denn der badische Fuß erstreckt sich bekanntlich vom kleine Zeh bis nauf zum Schritt. Wer also im Winter warme Füß habe will, der braucht gefütterte Stiefel bis Oberkante Oberschenkel.

Winterblues

Kultwort, Kunstwort oder nur diffuses Empfinden? In vielerlei Gewändern kommt er daher, der Winterblues. Schon weit vor dem kalendarischen Wintergeläut sind zwischen herbstlichem Blattwerk und Nebelschwaden die ersten Bluenotes dieses Stimmungsschädlings zu vernehmen. Die einen suchen die sichere Deckung unter geblümten Heizdecken, die anderen empfangen die zaghaften und misstönigen Improvisationen mit lässigem Nichtwahrhabenwollen.

Von trübseligen Stimmungen erfasst, suchen Lichthungrige auf Sonnenbänken ihr Heil und braten ultraviolett bis rothäutig den Winterblues gar. Wer sich noch nicht hinreißen lässt von düsterer Stimmung, magerem Licht und kühler Tristesse, der jodelt erst einmal wie alle Jahre wieder seine fröhlichen Winterweisen zum heilsamen Schneeyoga oder

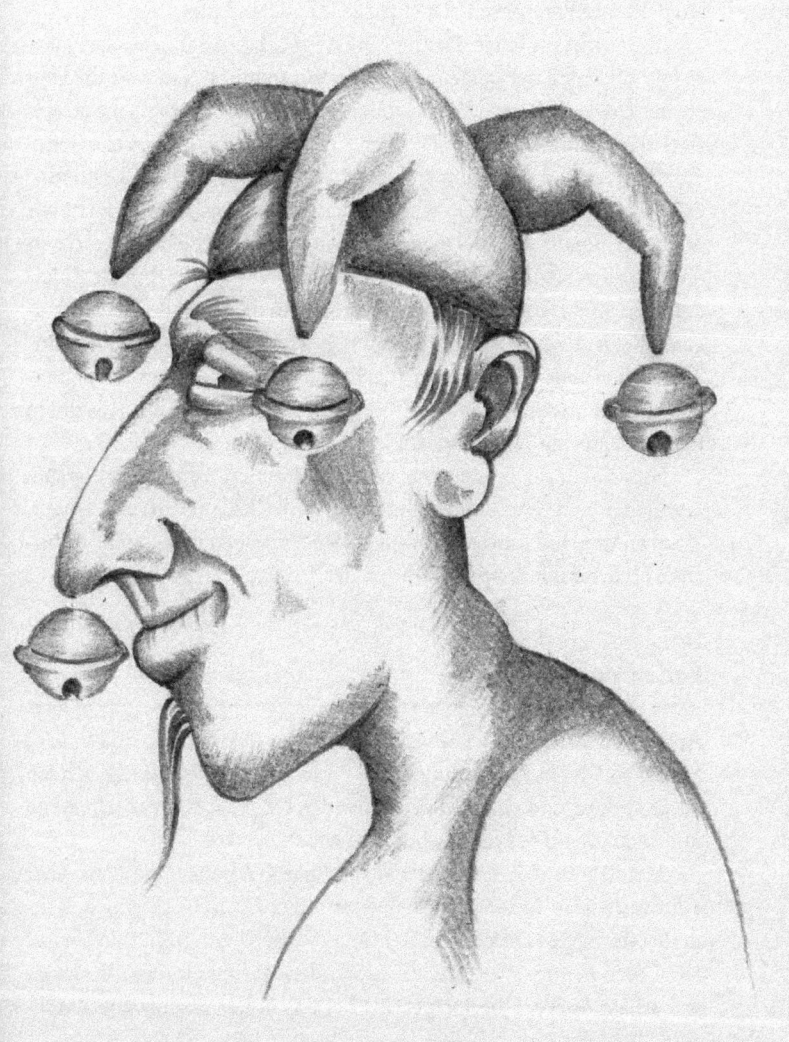

prophylaktisch zur körperbetonten Skigymnastik. Zeigt dem ganzen Grau die kalte Schulter, vollführt waghalsige Verrenkungen, spreizkantiges Rumpfen und hüftwärtiges Falten. Wälzt sich in Pulverschneebädern oder watet wie Elchkühe durch verschneite Wälder. Die quietschenden Knorpel und die rhythmisch schnorrenden Sehnen dieser noch Winterblues-Resistenten spielen hier einen ganz anderen Blues.

Aber nicht für lange. Denn hinter der nächsten Schneewehe lauert er schon wieder, der gemeine, frostige Winterblues. Kaum ist die lang ersehnte »Hoch-Zeit in Weiß« vollzogen, folgt in Schüben eine ausgewachsene Depression in Wollsocken, und das freudig winterliche Gefiedel wird zum dumpfen und schweren Gesang käsefüßiger Moonboots. Und wieder stecken wir im winterlichen Stimmungsmorast und hören herzzerreißendes Glühweinen und jammervoll kurbelndes Krächzen unterkühlter Kleinwagen. Sehen mit Grausen kältegeschockte Suizideure an Starterkabeln baumeln. Wer sich an dieser Stelle nicht aus eigener Kraft aus dem Stimmungstief zieht, dem droht das nahtlose Hinübergleiten vom Winterblues in die Frühjahrsmüdigkeit, wo die Eisheiligen schon gierig warten, die Überbleibsel der Winterblues-Invaliden in mundgerechte Tiefkühlportionen einzufrieren.

Nun denn, ihr fröstelnden Leser da draußen! Schon beim ersten Anzeichen von Winterblues-Symptomen: Bollekapp über die Ohren, Skier an die Hufe und mit kräftigen Stockschüben und einem fröhlichen Lied auf den Lippen ab durch den Winter!

Baden singt

Anfang Februar. Ich sitz am Küchetisch und überleg mir, was in dem Monat so alles auf mich zukommt. Wegem bessere Überblick geh ich in mein Büro und guck auf den Kalender. Oha! Ich kenn anscheinend nur Leut, die im Februar Geburtstag habe.

Mei Traudl macht da gern aufwendige G'schenke, die dann aber a Mordsloch in unsere Haushaltskass reiße. Ich hingege sing a Ständerle oder sag a Gedicht auf. Bei Geburtstage werde Ständerle bei uns recht gern g'sunge. Und a schönes Ständerle bringt oft mehr Freud als wie a Paar Socke. Überhaupt wird bei uns in der Region überdurch-

schnittlich gern und viel g'sunge. Des liegt an der für Süddeutschland typische Jodunterversorgung, die zum hohlkropfige Resonanzraum führt. Und zum andere liegt des an der übermäßige Nitratbelastung in unserm Grundwasser.

Nitrat wird ja gern in der Landwirtschaft als Dünger eing'setzt. Und beim Singe isches dann so, dass durch den Verzehr von dem regionale G'müs die Stimmbänder elastisch werde und der Kehlkopfdeckel beim Zammeklappe nimme so schebbert. So entsteht dieser weiche, eingängige Sound vom badische Kehlkopfgesang. Allerdings isch der Kehlkopfdeckel dadurch auch schwerer zu kontrolliere, was zur Folge hat, dass von zehn Badenern acht falsch singe. Die Männer brumme in der Regel drei Tön nebe der Spur. Die junge Fraue kreische, also zumindest bei meine Ständerle. Bei ältere Dame hört sichs an, wie wenn a Katz überfahre wird. Ab und zu isch mal a schöne Stimm drunter, des isch dann aber an Zugezogener.

Immer wieder stell ich fest, viele Leute komme nur wegem Mitsinge zu meine Kabarettabende. Und die erkennsch gleich. Des sin die ungeduldige, hibbelige Trebbler, dies gar net abwarte könne, bis endlich mitnander g'sunge wird.

In fast jeder Familie gibts mindestens einen Trebbler. Es isch also kein unbekanntes Krankheitsbild. Trebbler habe keine hohe Lebenserwartung, weil sie aufgrund ihrer Ungeduld am Zebrastreife nicht abwarte könne, bis der Lastwage ganz vorbeig'fahre isch.

Lied vom Trebbler

Manche, die trebble schon vor der Geburt
da wird wie verrückt an der Schnur gezurrt
die könnes net verhebe ins Licht nauszukrabble
müsse heftig pressiere, huddle und zabble

Isch der Treppler am Licht, na gehts grad so weiter
kaum sieht er Land, na pupst er und schreit er
kaum ischer satt, wird erneut trewilliert
bis dann die Mutter die Nerve verliert

Na kommt er in die Schul, muss gleich pressiere
nach der Grundschul, da will er sofort studiere
doch er huddelt beim Schreibe, mar kanns kaum noch lese
Hauptsach, als Erster fertig g'wese

Dann sitzt er am Tisch und scharrt mit de Hufe
hat schon zweimal »Hunger« in die Küch nausg'rufe
verschlingt ganze Stücker, ohne zu kaue
braucht dann zwei Woche, den Fraß zu verdaue

Bei de Mädle isch der Trebbler net sehr begehrt
weil er drei Stund zu früh zum Rendezvous fährt
beim Sex wird getrebbelt, er kanns net erwarte
er schon längst fertig, sie noch am Starte

Beim Wintersport in der Loipespur
zeigt der Trebbler seine wahre Natur
sei Frau bleibt zurück, er rennt wie gestört
sie verlauft sich und ruft, doch es bleibt ungehört

Mar kennts auch vom Urlaub, da wird gern gedrängelt
wenn sich ganz Deutschland gen Süde schlängelt
am Gotthard, da steh'n se dann kurz vorem Loch
in Basel, da schreie se: »Fahret doch!«

Manchmal, da wird des Trebble zur Pflicht
Weihnachte ohne, das kennt mar hier nicht
er spitzt seine Ohre und hört wie gebannt
klingelingeling … zum Christbaum gerannt

Er weiß es und leidet an seinem Pressiere
deswege geht er zum Therapiere
er liegt auf der Couch, wird hypnotisiert
doch alles vergeblich, weil er rebelliert

Trebble, des isch laut der Wissenschaft
eine Störung mit sehr starker Willenskraft
inzwische versucht mar nachhaltig zu handle
des menschliche Trebble in Strom umzuwandle

Ja wirklich, die Trebbler sind ganz arme Hunde
weil sie sich ständig überrunde

Wie g'sagt, es wird bei uns saumäßig gern g'sunge. Und net nur im
Februar. Deswege sing ich auch im Kabarett, na brauch ich net so viel
babble. Ich kann zwar net gut singe, aber ich sing gern. Und des hört
mar. Nicht wenige Zuschauer singe dann mit, was manchmal stört,
andermal wiederum störts nicht, wenn beispielsweis an Zuschauer
besser singt als wie ich.

Manchmal fragt jemand ausem Pulikum, ob mir net zusamme was
singe könnte. Und dann weiß ich gleich, was auf mich zukommt. Dann
wolle die unser Badnerlied singe.

Es isch fast wie a Droge. Und hinterher sind die meiste Zuschauer
ganz berauscht. Bei viele psychische Leide bringt des Lied rasche
Heilung. Naturheilkundler nutze es als Narkotikum, der alternative
Landbau als Unkraut- und Schneckevernichter, die Kriminalpolizei
als Druckmittel und Eheleut als Scheidungsgrund. Zum Glück bin ich
Kabarettist und kann des Lied singe, wie ich will. Und weil ich aus unserm badische Allerheiligste an Räggä g'macht hab, sind die Zuschauer
ganz ausem Häusel, wege dem badisch-karibische Feeling im Februar.

's andere Badnerlied

Das schönste Land in Deutschlands Gaun
hat außerum an Jägerzaun
da liege g'mütliche Type, die de Arsch aufbocke
in der Hängematte unter Rasta-Locke

Der badische Rasta und sei Rasta-Women
sind übern Badische Baggersee g'schwummen
45 Grad und Hitzestau
Kingstentown liegt in der Ortenau

Refrain | Frischauf, Frischauf mein Badner Land

Erdbeerfelder, Spargelstange
Hundefänger, die Schwaben einfangen
hier lebt man gut, hier wird man älter
dank gutem Klima und Cannabisfelder

Baden herrlich, was Drogen angeht
weil überall im Land Weinberg rumsteht
aus Haslach kommt der Peter Tosh
mit der Räggäband und em Joint in der Gosch

Refrain | Frischauf, Frischauf mein Badner Land

Religion in Baden wichtig
katholischer Woodoo immer richtig
im Gottesdienst wird völlig enthemmt
mit der Räggäband 's Vaterunser gejamt

In Stuttgart sitzt grüne Regierung
sorgt überall nur für Verwirrung
unser Chef, der coole Bob Marley
Regierungssitz auf einer Harley

Du glaubsch es kaum. Anstatt stocksteif wie Regeschirm im Zuschau-
erraum zu stehe, ehrfürchtig die Hand unterm Kittel, so wie sichs eigentlich g'hört beim Badnerlied, zucke, wackle, klatsche, schnibbe die
mit de Finger und singe: Räggi-, Räggi-, Regional!
   Der Februar isch wie g'sagt der Monat, in dem bei uns am meiste
g'sunge wird. Bei uns daheim sing meistens ich, mei Traudl singt nur
beim Koche, was mar dann auch schmeckt. Je nachdem, welches Lied

sie singt, schmeckts arg mediterran. Mein Sohn singt seit der Pubertät nicht mehr. Als kleiner Bub hat er schön g'sunge, aufem Glockespiel geklöppelt und in der Musikschul hat er Klavier g'lernt.

Auf der eine Seit bisch natürlich stolz auf dein Kind, wenns zu Weihnachte auf der Kinderorgel »Ihr Kinderlein kommet« spielt, auf der ander Seit fragsch dich, wo des noch hinführe soll.

Noch mehr arbeitslose, trinkende Sinfoniker in Deutschlands Fußgängerzone? Da hocke doch schon die russische Orchestervirtuose mit ihre undichte Quetschkommode. Was bittschön soll ein achtjähriger Musikschüler denn noch bei der goldenen Hochzeit seiner Großeltern vorspiele, wenn er zwei Wochen vorher beim Familienbrunch den Hummelflug von Rimski-Korsakow geklimpert hat? Was soll denn da noch komme? Die Kinder sind doch beim Eintritt in die Pubertät musikalisch voll ausg'reift. Im musikalische Koma virtuoser Frührentner. Da isch sich doch kaum einer drüber im Klare, was mar mit dieser überspannte Vermusung subventionierter Musikschulen anrichtet. Welches normale Kind möcht sich denn mit einem hochbegabte Musikschüler verabrede, der mit der Ritterburg von Playmobil nix anderes kann als wie improvisiere.

Gut, an Notestänter als Freund hat Vorteile. Du kannsch ihn zammeklappe und in die Eck stelle. Aber jetzt feier mal an Kindergeburtstag mit acht Notestänter.

Gugg dir doch mal so an hochgetunte achtjährige Zwölftöner an. Da werde Millione und Abermillione Euro in diese musikalische Koranschulen gepumpt, wo fehlg'leitete und nichtsnutzige Musikextremiste herangezoge werde, die uns mit Terze brandmarke, mit Kadenze schocke und mit Prime schlage. Überqualifizierte, mit Steuergeldern subventionierte Hochleistungsstreicher, die auf Vernissage drittrangiger Provinzpinsler bratsche und irgendwann in jugendlicher Vergreisung auf de Notenständer sabbern, anstatt mit Kumpels am Lagerfeuer zu sitze und »Wir lagen vor Madagaskar« zu singe!

Ich weiß, des war jetzt a bissel arg, aber bei dem Thema geht's als mit mir durch, da werd ich ganz fortissimo im Kopf.

Ich sitz immer noch am Küchetisch und versuch Strategie zu entwickle, wie ich um einige von dene Geburtstage drumrum komm. Dummerweis sind es dies Jahr viele runde Geburtstage. Und an Runder bei der Verwandtschaft kannsch net auslasse. Außer du kannsch beweise, dass du krank bisch.

Bin ich dann stundenlang mit meinem Sektglas um den Jubilar drumrum g'stande, in der Hoffnung, dass die unendlich lang andauernde Darbietunge aus dessen Lebe und die ewig lange Grußworte und Ehrebezeugunge in an Sauerbrate mit Nudle übergehe, na fragt mich meine Traudl meistens: »Du Schatz, wer fahrt?«

Es isch ja so, sobald die Frag geklärt isch, steigt die Stimmung bei einem der Ehepartner, der ander isch innerlich schon auf der Heimfahrt. Also ich. In der Regel isches zu 85 Prozent der Mann, der in die Fahrerfall dabbt.

Sobald die Frag beantwortet isch, lässt der Blick in die festliche Runde erkenne, dass sich sehr schnell zwei homogene Fraktione bilde. An einem Tisch des ausg'lassene Treibe maßlos alkoholisierter Damen. Versaute Witz, Tabledance und fliegende Büschdehalter. Am andere Tisch finster dreinblickende Männer vor Apfelsaftschorle. Tiefsinnige Erörterunge zu dem Thema: »Sollte eine Anhängerkupplung abnehmbar sein oder nicht?«

Spöttische Kommentare vom Damentisch an die zur Humorlosigkeit Verdammten trage nicht zur Entspannung der aufgeheizte Stimmung bei. Im Gegeteil. Die zum Fahrdienst Degradierten leide von Stund zu Stund mehr unter nervöser Gereiztheit, kollektiver Sinnkrise und Lebensmüdigkeit. Drauße wirds bereits hell. Das perverse Treibe am Damentisch scheint noch nicht die Scheitelsohle passiert zu habe.

Damit die Verzweiflung am Männertisch nicht in Aggression umschlägt, gründe sich dort die erste Selbsthilfegruppe anonymer Fahrer. Mar verabredet sich zu therapeutische Gesprächskreise, wo dann im Stuhlkreis nach Auswege g'sucht wird. Dank dieser Selbsthilfegruppe gelingt es meistens, diese Männer aus ihrer Opferrolle herauszuhole. In gruppedynamische Rollenspiele wird das Selbstbewusstsein g'stärkt, die Fähigkeit »nein« zu sage neu erlernt, und an Fahrsimulatore wird des Fahre unter Alkoholeinfluss eingeübt.

Was mar leider feststelle muss: Viele Frauen sehe diese Problematik überhaupt nicht. Aber klar, wenn einem aus lauter Egoismus und maßloser Vergnügungssucht nix anderes mehr einfallt, als wie mitem Büschdehalter Hubschrauberles zu spiele, dann isch mar halt blind für die Sorge und Nöte des Ehepartners.

Auf einmal sind die Fraue bei Nacht am Steuer unsicher, nachtblind und ortsunkundig. Auf einmal! Weisch, sonst immer: »Komm, Schatz, lass mich mal fahre!« Fahre in einem Rutsch tausend Kilometer bis ans Mittelmeer, am Wocheend ab auf de Nürburgring, Ferrari ausleihe, um des Vakuum nach 18 Jahren Kindererziehung und herannahendem Klimakterium zu fülle. Aber wenn mein Schwager seinen 60. Geburtstag feiert, die ganz Verwandtschaft ausg'lasse feiert, dann muss ich fahre.

So an runder Geburtstag bei uns gibts in zwei Variante: Mittagesse, Kaffee, Vesper. Oder: Kaffee, Vesper, Kaffee. Seit Jahren wird auch a dritte Variante angebote. Der Brantsch.

Für Mensche, die gern am Wocheend ausschlafe, isches an Sege. An Fluch isches allerdings für die Gastgeber, weil des End vom Brantsch net eindeutig definiert isch. Und deswege hocke manche Gäst bis abends und habe schon wieder Hunger, weils ja kein Mittagesse gegebe hat.

Ich brantsch net so gern, weil mir die Kombination aus Frühstück und Mittagesse die ganz Struktur vom Sonntag durcheinanderbringt. Erstens muss ich bis um elfe warte, steh aber schon um siebene auf. Also vier Stunde Leerlauf. Nachem Brantsch bin ich so satt, dass ich meinen g'wohnte Nachmittagskaffee erst um fünfe will, was mich aber in Stress mitem Vesper bringt. Und spät esse vertrag ich net.

Von daher g'sehe lieb ich den Klassiker: Frühstück, Mittagesse, Kaffee, Vesper. Also Vollpension.

Kaffeelied

Es isch so weit, 's isch Kaffeezeit
der Babba trebbelt und der Bobber schreit
im Zimmer hänge dicke Kaffeeschwade
der Küchetisch reichlich überlade

Der Streusel streuselt und der Napfkuche hupft
die Himbeersahne in de Windbeutel schlupft
an Vollkornkuche steht verschüchert auf der Seit
keiner will a Stück, der tut einem leid

Da wird des Testament g'schriebe, die Ehe g'stiftet
der Lottoschein ausg'füllt und der Opa vergiftet
der Bobber g'stillt und der Briefwahlboge
bekreuzigt und durch de Kakao gezoge

Da wird gelästert, getratscht und gestupfelt
Hefe gezopft und Gugel gehupfelt
mit der Kuchegabel g'schmisse und Verträge gebroche
der Plunder verramscht und Verwandte bestoche

Da sitze Kaffee-Veterane, die sitze schon lang
mit ihrem manisch-depressive Schaufelzwang
ohne Pille, Pulver und Tropfe
könne die den Stolle nimme neistopfe

Masern, Röteln, Scharlach und Fimose
Depressione oder Zwangsneurose
zittern, wackle, stottern – stolpern oder hinke
alles plötzlich weg allein durchs Kaffeetrinke

Widerstand zwecklos, mar kann sich kaum wehre
Wahnsinnsg'lüschde, extremes Begehre
vergesse die G'schwüre, des träge Gedärm
Milchallergie und Gicht in de Ärm

Der Gluckser, der Wurgser, die Furzeritis
am ganze Ranze Neurodermitis
Glück, wer am Tisch einen Mediziner
zwische Schweinsöhrle, Biskuit und Florentiner

Wer nachem Kaffee noch aufsteh'n kann
isch ein echter Kaffee-Supermann
isch der King, der Kong, der Kuche-Ringer
der Schwarzwälder-Torte-Bezwinger

Doch die, die verzweifelt mit der Erdanziehung ringe
die Schwerkraft nicht mehr alleine bezwinge
die bleibe halt hocke, denn in 24 Stunde
gibts hier wieder a Kaffee-Runde

Simmer irgendwo zum Geburtstag eing'lade, und des kommt im Februar jedes Wocheend vor, hab ich aufem Heimweg meistens Krach mit meiner Traudl. Mar tät mir anmerke, wie ungern ich bei der jeweilige Verwandtschaft am Kaffeetisch hock.

»Hajo, Traudl, ich muss mich die ganz Woch verbiege und verstelle, da will ich am Wocheend mal ganz ich selber sei.«

Dann wirft sie mir vor, dass ich erst drei Stücker Schwärzwälder nunderschaufel, dabei kein Wort zur Unterhaltung beitrag, und dann noch net emal die siebestöckige und gigantische Monumentaltort von der Tante Johanna lobe tät.

Ich weiß ja selber um meine zwischemenschliche Defizite. Und deswege arbeit ich dran. Doch esse und arbeite in einem kann ich halt net. Und mitem Lobe hab ich mich schon immer schwergetan. Genauso mit Komplimente, weil ich immer von der Angst getriebe bin, ich geb was her und kriegs dann nimme zurück. Womöglich gibts Nachforderunge. Weiß ich, ob sich mei Traudl dran g'wöhnt, süchtig wird oder womöglich a Garantie verlangt.

Deswege bin ich eher zurückhaltend, was Komplimente angeht. Wenn ich mich überhaupt positiv zu einem Verhalte äußer, dann so: »'s war recht!« Oder in Form der badischen Doppelverneinung: »Net schlecht!« Des dann schon. Da lass ich mich net lumpe, ebbes Lobenswertes mit dem Adjektiv »schlecht« zu würdige und dann noch a »net« davorzusetze.

Badische Lobgesänge

Ein lobend Wort zur rechten Zeit
bringt unentgeltlich Mehrarbeit

Ein lobend Wort aus Meisters Munde
ist die halbe Überstunde

Lobe stets die Leiharbeit
sei dankbar, dass man dich verleiht

Lobe stets, was lobenswert
lobe so, dass keiner 's hört!

Wer eifrig lobt, wird oft verehrt
wer gar nicht lobt, macht nichts verkehrt.

Am End vom Februar hab ich meistens fünf Kilo mehr auf de Rippe. Viele andere gehts auch so, und die nenne des dann Winterspeck. Bei mir heißt des Februarspeck. Es isch zwar lästig, wenn die Hose nimme zugeh'n und de Kiddel zwickt, aber wenigstens kann ich des Dilemma wissenschaftlich erkläre. Mein Körper braucht im Winter mehr Energie. Wie an Kachelofe brauch ich ständig Befeuerung. Und was bei mir saumäßig gut brennt, des isch Zucker.

Süß

Oh, wie lechzen meine Lippen, meine Nasenschleimhaut bebt. Meine Augen quellen über, nie hab ich sowas erlebt. Hei, wie Dampfnudeln so schamlos liegen, sich zum süßen Stollen schmiegen, dass selbst der Schwindbeutel erbleicht. Wie dicke Streusel Striezel strudeln, sich entblätterteigen, ihre Honigherzen zeigen, sich kandieren, süßlich plundern, dass selbst der trockne Gugel hupft und in die nächste Plinse schlupft. Da sind auch gleich die sonst so braven Mandelschnitten auf Mozartkugeln ausgeritten. Welch ein Toben, welch ein Stöhnen. Selbst der bröselige teige Mürb verlangt nach warmen Katzenzungen, und hat sie vor den Augen aller zum Dahinschmelzen gezwungen. Und plötzlich seh ich dicke, fette Krapfen mit süßen Buchteln schwuchteln, während Hefe-Weihnachtsmänner, jene großen Kuchenkenner, an billigstem Konfekt sich necken, es sich sogar in Hintern stecken und sich zu aller Schande an Sultaninen selbst bedienen. Und lieber Gott, du musst sie watscheln, weil sie jungfräuliche Zwetschgen datscheln. Und schließlich, voll von Kokosflocken, sich auf Nonnenfürzchen hocken.

März

Es wird!«, ruf ich schon von weitem der Frau Knopf entgege. Und sie:»Jaja, er bringt wärmer!«

»Er« isch der Radio. Genau g'nomme der Radiosprecher von der Wetterabteilung des SWR4. Unser Ü-65-Sender in der Region.

Von ihrer Zwiebelumhüllung hat die Frau Knopf bereits zwei Schichte abg'legt. Sie hat die sogenannte Frühjahrshäutung vollzoge. »Bis 15 Grad bringt er heut!«

»Wenns wahr isch!«, sag ich. »Er übertreibt als!«

»Jo was, Hauptsach, er bringt kein Rege, sonscht muss ich de große Schirm aufspanne!«

»Womöglich bringt er Wind, na isches mitem Schirm auch nix«, sag ich. Und dann sag ich nix mehr und gugg nachem Feldsalat. Deswege bin ich ja herg'komme. Manchmal isch der Feldsalat um die Zeit am Rand schon a bissele faulig. Wege der Wärme. Also sag ich mit Blick in die Salatkischt:»Macht er schon schlapp?«

»Jo was, bis Ostere dürfe Sie ihn halt net aufhebe! Aber nächst Woch bringt er wieder kälter. Na isch er wieder fit, der Salat!«

»Alla gut, na nemm ich heut Endiviesalat.«

Ode an den Frühling

Oh, wie Apri kose ich
dein Mang gold glänzendes ge Flieder
mein wohl Veilchen du
mein Knöter, ich verschlinge
ich pastinake dich
und preisel deine Beeren

Doch seh ich Kapuziner kresslich
Broccoli, Brocholera
männeruntreu Rosmarine

Sellerie und Sellera
jas Minenfelder weit und breit
seht euch diesen Major an
er pfeffert mit den Schoten
keine Erbsen kichern mehr
weil die Knollen nicht mehr wollen
und die Bohnen estragonen

Wein Traube wein
es ist zum verzwiebeln
Sumpfdotternochmal!
wie dicke, tapfre Arti schocken
süßlich sauren Ampfer locken
was kümmelt es den Kerbel
ob der echte Engel wurzt
und die falschen Pimpinellen
sich zum Knobelauch gesellen

Sind es die schattigen Gewächse
die mir des nachts da Auberginen?
an den Tomaten will ich reifen
mit der Knolle dich vermöhren
will dich senften
fencheln, runkeln, rüben
und an süßen Feigen möchte ich spargeln

Du Wacholde, nimm diesen Kro Kuss
Sal bei mir und Oregano mich
du Koreanderliche
Meer Rettich hätt ich
doch nicht Radieschen, mein Lieschen
lieb Stöckelschuh, Vergiss mein nicht
und Edel weißt du es noch immer nicht
ich Dill dich, und keine Ole andere

Übergänge

Der Übergang vom Winter zum Frühling isch für mich net einfach. Aber Übergäng sind an sich für mich heikel. Grad hab ich mich an was g'wöhnt, schon muss ich mich wieder umg'wöhne. An kleiner Trost isches für mich, dass es andere Leut auch net besser geht.

Guggemol, wie viele Frauen steh'n in der Übergangszeit vor ihrem Kleiderschrank und könne sich nicht entscheide. Für die Sommerblues isches zu frisch, für de Wintermantel zu warm. Na rufe se de Mann an. »Ich hab überhaupt nix mehr für de Übergang. Ich brauch dringend an Übergangsmantel!«

Ihm gehts genauso. Er rennt in der Übergangszeit Herbst/Winter in de Heizkeller und weiß net, ob er jetzt die Zentralheizung anwerfe soll oder de Kachelofe. »Traudl, ich glaub, mir brauche dringend an schwedischer Übergangsofe!«

Oder du bisch 20 Jahr verheiratet und läsch dich scheide. Was machsch jetzt in der Übergangszeit? Im Grenzland der Gefühle, im sexuelle Niemandsland, im Todesstreife ungebügelter Hemde?

Mittagesse bei der Ex? Vespere bei der Schwiegermutter? Brantsch bei der neue Freundin? Mar weiß es nicht.

Was ja auch sehr schwierig isch. Übergang von Kupplung zu Automatik. Vom CDU-Wähler zu de Grüne, vom Raucher zum Nichtraucher, vom Fleischesser zum Vegetarier, vom Katholik zum Moslem.

Guggemol, mein Junger. Der isch jetzt 17. Und katholisch ... g'wese. Auf einmal will er Moslem werde. Jetzt stell dir des mal vor. Die ganz Familie seit 1745 katholisch. Da war kein einziger Moslem dabei. Alle ware mir katholisch. Sogar die Hühner. Der erste Moslem bei Kräuters seit 1745. Jetzt muss der Übergang g'staltet werde. Da muss die Mutter an die Nähmaschin sitze. Aufem rechte Ärmel Halbmond, aufem linke drei Adidas-Streife. Aufem Buckel Galatasaray Istanbul und vorne Bayern München. Dann zum Einwohnermeldeamt. Der Kerle heißt ja jetzt Mustafah-Schorschi Kräuter. Seine Kumpels fliege in de Ferie nach Mallorca, er nach Mekka.

Dann macht der ja nix mehr daheim im Haushalt. Nix. Sag ich zu ihm: »Mustafah-Schorschi, jetzt gehsch mal einkaufe.« Sagt er: »Des macht bei uns Moslems die Schwester.« Sag ich: »Wie? ...

Schwester? Du hasch doch gar kei Schwester.« Sagt er: »Na geht halt die Mama.«

Und keiner von uns kann sich des erkläre. Ich hab schon gedacht, vielleicht hat er zu viel Karl May g'lese. Auf der psychologische Beratungsstelle habe sie g'sagt, mir solle geduldig zuwarte. Der Bub lebt in einer Art orientalischer Märchenwelt. Des sei ja auch kein Wunder, sein Vater steht als König von Baden auf der Bühn.

»Hajo subbbr!«, sag ich. »Jetzt hab womöglich ich den Mustafah-Schorschi in die Händ von dene Islamiste getriebe.«

Seit gestern fehlt im Wohnzimmer unser Perserdebbich. Des war mir gleich klar, was da los isch. Ich naus vors Haus. Und tatsächlich schwebt mein Mustafah-Schorschi auf unserm Perserdebbich über der Garage Richtung Sportplatz davon. Und ich ruf ihm hinterher: »Am Sonntag kommt die Oma zum Kaffee. Dann liegt der Debbich wieder im Wohnzimmer, und du hocksch am Kaffeetisch.«

Im März steh ich dann wieder aufem Sportplatz und gugg meinem Schorschi beim Kicke zu. Selber bin ich ja net so der Fußballer. Aber mein Schorschi isch fanatisch, was des Kicke angeht. Der kickt für mich mit. Und ich gugg halt zu und steh mit dene andere Besserwisser am Spielfeldrand. Dort mach ich mir dann so meine Gedanke über den Fußballsport.

Heut isch des ja so, dass der Sportplatz der Ort internationaler Begegnung isch. Da wird über Integration, Multikultur und so weiter nicht nur g'schwätzt, da wird sie g'lebt. Des klappt nicht immer, weil da spiele badische, türkische, russische, schwäbische, afrikanische und syrische Spieler in einer Liga. Da breche auf some badische Bolzplatz globale Kriseherde auf, die ihren Ursprung in tausend Kilometer Entfernung habe. Zum Beispiel, wenn an stürmender Kosovoalbaner den serbische Verteidigungsriegel durchbricht. An kurdischer Mittelfeldspieler den türkischen Torhüter anschießt. Oder a schwäbische Schwalbe im Tiefflug in den badische Strafraum segelt. Vom regionale Fußballverband isch deswege erwoge worde, kritische Spiele unter Aufsicht von UN-Blauhelme zu stelle. Des gibt dem Ganze dann so an internationale Touch. Da sagt sich dann mancher Funktionär: »Gut, in der Champions

League spiele mir net mit, aber an internationale Konflikt könne mir auch daheim auslöse!«

Beim Frauenfußball hat mar die Trikotfrage lang erörtert, weil die moslemische Spielerinne auf Ganzkörperverhängung gedrängt habe. Mar hat dann Testspiele veranstaltet, bei dene sich aber gezeigt hat, dass zum Beispiel die Abseitsfrage schwer zu beurteile isch, weil die Spielerin oft schon im Abseits steht, die raumgreifend wehende Stoffbahn aber noch außerhalb. Schwierig für den Schiri zu beurteile. Oft weiß er nicht, war des jetzt ein Foul oder hat sich die Spielerin zum Gebet niederg'legt. Dann isch plötzlich der Ball verschwunde. Unter einem von dene 22 Trikots. Aber unter welchem? Und wer sucht ihn?

Auch gibts im Sommer auf Grund von Hitzestau unterm G'wand ab und zu an Hitzschlag. Oder es weht bei Sturm a Spielerin vom Platz. Und bis dann die Feuerwehr die Betroffene aus em Fangnetz befreit hat, sind die 90 Minute rum.

Nach Ablauf dieser Testspiele sind dann nur noch Spiele in ganz normale Trikots zug'lasse worde. Allerdings ohne Publikum. Oder dann nachts mit Publikum, aber ohne Flutlicht.

Wenn ich im März auf de Sportplatz geh, gehts mir ähnlich wie meiner Traudl, wenn die vorem Kleiderschrank steht und net weiß, was sie anziehe soll. Zieh ich jetzt mein dicke Dauneanorak an oder mein leichte Kiddl. Meistens treff ich die falsche Entscheidung. Steh aufem Sportplatz und schwitz wie an Ochs – oder ich frier. Wenn dann die Mannschaft von meinem Sohn dazu noch verliert, dann isch des Wocheend g'laufe.

Kiddl

Schakeddl kannsch sage oder auch Jack
bei der Hottvoleh trage se gern einen Frack
mir sage Kiddl zu der Kreation
mar versteht des am beste in unsrer Region
Kiddl gibts massig und ganz tolle Sorte
mit goldige Kräge und spitzige Borde
auf Taille g'schnitte, mit flattrige Schwänz
des sind dann die für die Hochzeitstänz

Pullober sind warm, doch sie bringe Gehuddel
sind die Ärmel mal letz, hasch a Gefuddel
na passt de Schäddel net durch de Krage
manchmal kommsch da in schwierige Lage
entweder schlabbrig oder grausame Enge
die Händ musch durch schmale Öffnunge zwänge
na ischer zu eng, es platze die Masche
für de Geldbeutel fehle meistens die Tasche

Da isch halt der Kiddl a andere Klasse
den kannsch auch mal vorne offe lasse
grad für die, mit extrem dicker Schwart
so an offener Kiddl, der isch sehr apart
ischer obe zu eng, die Tallie weit unte
hat die neuschte Mode en Dummer g'funde
doch an Kiddl, der passt, den ziehsch nimme aus
im G'schäft net, im Bett und auch net im Haus

Der wichtigste Kiddl isch der Kiddl zum Schaffe
da kannsch dann die Ärmel nach hinte raffe
mit große Tasche, für des, was so brauchsch
Feuerzeug, Tabak, falls gern eine rauchsch
an fester Stoff, da kannsch auch dran zerre
der kann auch mal richtig dreckig werre
bei uns hier, da gibt es verschiedene Norme
der Schaffkiddl zählt zu de Uniforme

Sogar im Krieg macht der Kiddl an Sinn
der Pullober wär da kein großer Gewinn
der Kampfkittel isch meischtens doppelt genäht
damit im Krieg die Naht net aufgeht
rechts die Granate und links die Patrone
inne drin schmackhafte Notratione
und der Orde hängt rechts, nebem Revers
für die Verdienste beim Kiddl-Heer

Die junge Fraue, die finde ihn fremd
die schaffe in Jeans und mit offenem Hemd
doch die Alte, die trage nach alter Art
a Kiddlschürz, weil mar die Ärmel da spart
die Kiddlschürz isch halt ein b'sonderer Kiddl
von de Länge so ung'fähr zweimal a Drittel
Blume sind drauf und lichthelle Muster
falls es beim Schaffe frühzeitig duster

Mar sollts net glaube, sie weckt Fantasie
die wie Blüte bei de Männer erblühe
denn die Kiddlschürz isch ja ganz ohne Arm
und isches im Frühling so richtig warm
na gibts bei de Weiber nur des eine Ziel
Kiddlschürz an und drunter net viel
wenn die nackige Ärm zum Armloch nausgugge
siehsch gierige Kerl wie Teenätscher zucke

Bei Maleschde, bei Pfipfes, da rufsch nachem Kiddl
nach dem weiße mitem Fläschel voll Wundermittel
doch je kränker du wirsch, umso dunkler des G'wand
dem Bestatter sein Kiddl, der isch aus Samt
der bringt dir dann ein Leiche-Jäckel
au wieder an Kiddl, doch mehr a Säckel
schön gebügelt und weiß wie die Daune
bei some Kiddl, da kommsch du ins Staune

Machsch die Knöpfle schön zu, willsch ja net friere
willsch, dass sich Engel für dich intressiere
bisch 's Lebe lang im Kiddl rumg'loffe
hasch viele andere Kiddl getroffe
doch des einmalig Schöne, die himmlische Würze
die Engel trage Kiddlschürze
dein Lebe hasch verlore, doch er isch gebliebe
an Kiddl isch halt doch die wahre Liebe

Wenns dann so Ende März isch, zieh ich endgültig mein Kiddl aus, und beim erste Sonnestrahl ziehe mir die Wanderschuh an, de Rucksack auf und dann fahre mir zum Seibelseck und wandere zur Darmstädter Hütt oder durch de Biberkessel zum Ochsestall und über die Hornisgrinde zurück. Egal wo mir rumdabbe, es isch überall schön bei uns im Schwarzwald.

Oh Schwarzwald

Lausche des Zaunkönigs Lied, der Balz des Auerhahns, der Klage des Kauzes und dem Klopfen der Spechte, Würger und Schnäpper! Lausche des Hänflings Ode, der Nachtigall Minne! Zaghaft und leise der Meisen Gesang, des Gimpels Ruf! Bis jäh ein Ungemach unheilig des Waldgängers Ohr erreicht und des Waldvogels Lied verstummt.

Dreist und tropfend, lärmender Schwarm, schwatzhaft Gefieder. Stockenten, Schafstelzen, Rennfinken. Oh Maria Hilf und Dead Man Walking. Vom Winterspeck schadhaft Gefieder, die schlaffen Flügel über das mürbe Gewebe, das marode Laufwerk schwer und mehr ein Walzen denn ein Schweben. Und wer im stillen Tann die Ruhe sucht, der findet nun das Eitle, Grelle wie das Bunte. Aldi da gehen, sie singen des schmetternde »Tschi« und das bassige »Bo«. »Tschibo, Tschibo, Tschibo.«

Stangen, Stelzen, Stecken und Ruten. Rohre und Stöcke mit stählernen Spitzen und ledernen Schlaufen beackern die Kruste des Weges und wuchten mit heftigem Schube die schweißnassen Pfunde. Und fällt im Gewirr des Gestänges ein Läufer darnieder, im Schwatzrausch gar, im wahnhaften Rasen, im achtlos Gedränge, in staubiger Wolke, so fegt der Schwarm darüber hinweg. Viel zu kurz die bremsenden Wege, die Zeiten das Unheil zu ahnen, Einkehr zu halten, sorgend zu walten.

Indes der scheue Wanderer, Gedanken durchdrungen. Er bleibt ein Nichts am Wegesrand. Ihm bleibt nur der wage Sprung, die Böschung hinunter, durch das Geäst, über die Gräben, Heil und Rettung entgegen, bis der Staub sich gelegt und das Dunkel des Waldes den rasenden Schwarm in sich verschlungen.

Nicht alle der stockenden Enten, schwitzenden Ammern und rennenden Finken erleben den nahen Sommer. Und so liegen im Frühtau, im erwachenden Forst, die von Stöcken durchbohrten Bälger, mit Spießruten gespickt und von Stangen durchdrungen leblos am Wegesrand. Der Ameisen, Mistkäfer, Würmer und Maden Speis und Trank.

Doch hält die Schöpfung nicht inne. Gerade ist den sumpfigen Brachen am Rande der Stadt ein neuer Decathlon entstiegen. Und schon schlüpfen und flüchten die jungen Dinger, Adidasse, Pumafinken, Tschibowachteln, all das junge Gefieder dem Lichte entgegen und macht sich auf in die Wälder, wo im Frühling der Badener seine Einkehr sucht und nicht findet.

Das Duale System

Frühling steht in der badischen Mythologie für Fruchtbarkeit und somit im Zusammehang mit der Zahl »2«. Der klassische Zweier.

Frau/Mann, Yin/Yang, männlich/weiblich, Badnerin/Badner. Bekannt auch als Duales System. Im Große und Ganze hat sich dieses Duale System bei uns bewährt. Da wird vieles wiederverwertet, was mar sonst wegg'schmisse hätt.

Mann und Frau, Yin und Yang ziehen sich an. Meistens zieht Yang nicht das an, was Yin will. Dann spricht mar von der Krise des Dualen Systems. Oder mar sagt, die beiden haben es nicht auf den Grünen Punkt gebracht.

Bei meiner Traudl und mir kommts immer wieder zu solchen Krisen des Dualen Systems, weil sie als Verpackungsweltmeister ständig den Wertstoffkreislauf durchbricht mit ihre sündhaft teure Einweg-Dessous. Diese hauchdünne Verpackungshüllen aus beschichteter Wellpappe. Vom Recycling-Gedanke her g'sehe a Katastroph. So an lädierter Wellpappeschlüpfer kannsch ja nicht wieder aufbereite.

Mir habe damals aufem Standesamt ja g'sagt zu nachhaltiger Verpackung. Habe uns gegeseitig versproche, in gute wie in schlechte Zeite den Mehrweg gemeinsam zu geh'n bis hin zum Grüne Punkt. Aber kaum sind die neue, modische Frühjahrsverpackunge in de Schaufenster, isch bei uns daheim Krise im Dualen System.

Frühlingslied

Jesus Maria, die Zeit vergeht
der Frühling isch da, obwohl der Christbaum noch steht
der Winterschlaf steckt mir noch in de Glieder
mei Traudl im Schafwoll-Daune-Mieder
die Schneeglöckle läute, die Krokusse bebe
der Maulwurf tut mein Rase anhebe

Die Rotznase glühe, weil die Polle fliege
Allergiker siehsch im Grabe liege
wer jetzt noch trotz Warnung den Luftraum durchkreuzt
der hat seinen letzten Schnäuzer geschnäuzt
wenn in der Stadtbahn alle gleichzeitig schnupfe
siehsch den Waggon von de Gleise hupfe

Refrain | Tirrilie, Tirrilie, Tirrilie, Tirrila
der Frühling isch da, der Frühling isch da

Ich könnt vor Wut ins Kopfkisse beiße
schon morgens Geschrei, Amsle und Meise
die Drecksviecher, überall siehsch du sie niste
auf Dächer, auf Bäum und kei Poliziste
her mit der Anti-Zwitscher-Zone
her mit Netze, mit Falle, Kanone

Im Garte schaffe, grabe und wühle
auch das eine Form der Frühlingsgefühle
zentnerweis wird jetzt der Humus bewegt
Grube g'schaufelt und Gräbe ang'legt
Mar kanns nur erahne, was die Mensche da wolle
viele sin beim Grabe für immer verscholle

Refrain | Tirrilie, Tirrilie, Tirrilie, Tirrila
der Frühling isch da, der Frühling isch da

In der Schul chaotische Stundepläne
die Lehrer hän wieder Dauermigräne
verzweifelte Kinder musch sorgsam aufrichte
zerbroche an endlose Frühlingsgedichte
Mörike, Goethe, Fallersleben
könne die miese Stimmung net heben

Mensche verliere im Frühling ihr Lebe
weil sie beim Frühjahrsputz sich net gut hebe
der Schwerkraft folgend von Leiter von Hocker
stolpre beim Blocke über den Blocker
hänge verzweifelt vom Kronleuchter runter
dass der des aushält, isch grad a Wunder

Refrain | Tirrilie, Tirrilie, Tirrilie, Tirrila
der Frühling isch da, der Frühling isch da

Heimtücke, Fluch, dieses Frühlingshormon
Schmetterling, Schafbock bisch in einer Person
morgens könntsch fliege und nachmittags bocke
was dich abends vergrätzt, kann dich nachts auch mal locke
nur die Kalt Sophie kann dich abkühle
sie betäubt deine drängenden Frühlingsgefühle

Am 20. Juni isch endgültig Schicht
der Frühling macht de Lade dicht
jetzt heißt es erst mal die Wunde lecke
auf dem Sofa g'mütlich die Bein ausstrecke
da klopfts an der Tür, wer will denn da rein
ja der Sommer, wer sonst, der Herbst kanns net sein

Jesus Maria! Gugg, wer da steht
ich kriegs an der Erbs, ja bin ich denn bled
erst habe mir so unterm Frühling gelitte
jetzt steht da an Schneemann mit seinem Schlitte
dabei wird im Fernseh ständig gezeigt
des Klima kippt und die Erdwärme steigt

Refrain | Tirrilie, Tirrilie, Tirrilie, Tirrila
der Winter isch da, der Winter isch da

April

Bisher war die Frau Knopf eing'mummelt wie an Eskimo. Anfang April kommt sie allmählich wieder zum Vorschein. Schicht für Schicht. Die Bollekapp sitzt zwei Zentimeter über ihrer Nasewurzel, unter ihrem Parka hat sie den Innefleece rausgeknöpft und statt vier Pullober hat sie auf zwei verkürzt. Was sie an tiefere Schichte aufg'legt hat, weiß ich nicht. Vermutlich ihre Polar-Dessous durch a Dreiviertels-Baumwoll-Kombination ersetzt. Die Moonboots hat sie auch ausg'mustert, dafür die Wanderschuh angezoge. Die Handschuh (Fingerling ohne Finger) stecke auf Abruf in de Tasch vom Parka. Mar weiß nie, wie der Aprilwind aufem Kirchplatz um Eck blast. Der April isch an launiger Kerl.

Zwieble, Gelbe Rübe, Kartoffel, die Grundausstattung für die Küch hat sie auch im April im Angebot. Salat drängt sich dazwische und die erste Radiesle.

»Naja«, sag ich, und wackel mitem Kopf. »Dene fehlt noch der Pfiff.« Schwarzwurzle lache mich an, der Meerrettich weniger. Sieht immer noch gleich aus wie im Januar. Wie vergrabene Knoche. Ich fantasier vor mich hin und seh in Gedanke a Babbedeggel-Schild: »Urloffer Höckergrab, Oberschenkelknochen eines hier bestatteten Landvogtes.«

Mar glaubts ja net, aber den erste Spargel gibts auch schon. Mei Traudl isch da ganz verrückt nach dem G'müs. Ich brauchs net unbedingt. Und der hysterische Aufschrei vieler Hausfraue, wenn der erste Spargel rausguggt, isch mir fremd. Die siehsch dann morgens um sechse im Stechschritt Richtung Wochemarkt hetze. »Jesses, de erste Spargel. Ich halt's ja fast nimme aus. Seit Heilig-Drei-König hab ich so Glüschde!« Vorher geh'n se noch am Bankautomat vorbei. Und dann isch gleich mal des Haushaltsgeld für die ganz Woch fort wege dem blede Spargel.

Noch liegen die waldigen Kuppen verschneit, wedeln nimmermüde Skihasen und Liftochsen ein letztes Mal schneetrunken die Hänge hinunter. Das Osterfest ist grad überwunden, da raubt uns nervöse Unruhe den Schlaf. Derweil laufen im Schein von grellem Geleucht frostfeste und wollvermummte Stecher durch die welligen Täler der braunen Erde. Dort, wo es wuchert und keimt unter schwarzen Planen. Goldgräberstimmung zwischen den Hügeln und glücklich, wer seinen Claim abgesteckt und das Schürfrecht sein Eigen nennt. Reckt er, der Ersehnte, in dieser Nacht unter schuppig häutigem Häubchen, halbstauchig noch, seinen spitzbübisch krautigen Stängel empor? Kündet morgendlich laue Laune die frohe Kunde? Mit dem erdigen Schweigen ist es aus und vorbei. Schamlos, gierig und blasshäutig nackt, noch schüchtern zeigt er sein Drängen. Stößt durch die Krume. Und plötzlich scheint die Zeit stillzustehen, denn die erste Stange reckt sich jungfräulich dem Lichte entgegen. »Spargel in Sicht!« Der Ruf schallt weit hörbar über Land bis in die letzte Küchenzelle, wo emsige Mamsellen mit Töpfen scheppern und die Spargel-Schriften studieren. Ein letztes Schärfen der Messer und Schälgeräte, dann werden die Gaumenschrauben justiert, während draußen in den Gasträumen und Wohnküchen der Geifer schon tropft, der Wein schon entkorkt und mit gierigen Zungen wird schließlich gerungen und das weiße Gold verschlungen.

Die Zeit dazwische

Es isch wirklich so. Gestern simmer noch a letztes Mal de Ochsestall nundergebügelt, habe uns mit de Langlaufschier durch Frühlings-Sulz gequält, da hocke die Landwirt in der Rheinebene schon vor ihre Erdhügel und warte auf den Durchbruch vom erste wunderfitzige Spargel. Es isch a ganz eigene Zeit. Die Zeit dazwische.

»Mar könnt mitem Rad nausfahre, mar könnt aber auch daheim aufem Sofa rumliege!« Es isch a ungare Zeit.

Mir warte ab! Wie schnell isch a falsche Entscheidung getroffe. »Es könnt ja nochemal Frost gebe. Mar könnt aber auch an Sonnebrand kriege, weil die Haut noch empfindlich isch. Mar könnt beim Radfahre ins Schwitze komme und sich de Verrecker hole in dem saukalte Frühlingswind. Und überhaupt. Wo soll mar denn hinfahre? Die Biergärten sind noch net geöffnet. Daheim rumsitze hält mar auch net aus. Es isch nix Halbes und nix Ganzes.«

Der Blick ausem Fenster isch verlockend. Der Himmel so blau, die Sonn so licht. An de Häuserfronte vom Sonnegässel sitze die erste Freigänger im Windschatte von überdimensionale Eistüte. Aber Vorsicht! Isch die an warme Winterkost g'wohnte Magen-Darm-Apparatur überhaupt schon in der Lag, innerhalb von wenige Tage von Glühwein auf Schleckeis umzustelle?

Morgens schwitzend unterm Winterbett erwache und gleichzeitig zu frösteln beim Gedanken ans dünne Sommerbett ... Es isch zum Verrücktwerde, dieses Zwischedrin! Ich bin auf jeden Fall auf alles g'fasst. Ich bleib misstrauisch, denn so an warmer Frühlingswind isch meistens saukalt.

Verrücktes Klima

Aus alle Ecke, aus fruchtige Gaue
Packesel, Männer, farbige Fraue
a buntes Treibe, a Wimmle und Wammle
a Drunter und Drüber, a Rammle und Schrammle
Ukulele, Trompete, Gitarre und Zimbeln
nackige Mädle, die gratis bimbeln
Duft von Vanille, Koriander, Muskat
dazwische badischer Wurstsalat

Alle Mannen und Mandarine
wolle sich heut was dazuverdiene
es isch Markttag in Baden und aus alle Regione
komme mit Säck voll reifer Zitrone
die Tee-Pflückerinne, die Koka kaue
die Studente aus Freiburg, die Hanf anbaue
a Schulklass aus Hornberg will Kaba verkaufe
besser so, als dass die Alkohol saufe

Ausem Breisgau die stämmige, fruchtige Weiber
dralle Pampelmuse-Leiber
Wasserbüffel mit riesige Hörner
trage die Säck mit reisige Körner
Basmati-Reis aus heimische Sümpf
wo in selberg'strickte Gummistrümpf
die Bauersfrau watet im heimischen Schlick
und schließlich versinkt, weil sie isch halt zu dick

Kaffee aus St. Blasien, des isch so an schwarzer
katholisch gerösteter Mageverknarzer
der wird dort verehrt wie die Mutter Maria
den trinkt man dort lieber als badischen Sangria
während der Mess tun die Mönch filtriere
ums Jesuskind damit zu reanimiere
und anstatt dem Herrgott zu danke, zu diene
segne die heilige Kaffeemaschine

Exotische Pflanze, alles wachst zu
Vogelgezwitscher, mar hat keine Ruh
Käfig mit Hühner, schmucke Fasane
zentnerweis Staude voll badische Banane
Farne, Palme, Orchidee
tropisch anmutendes Marktgeschehe
Malve, Fagonie und Tragante
mitten im Schwarzwald Elefante

Agavefelder, korsische Eiche
wo badisch bengalische Tiger schleiche
Affe, Schlange, Papageie
die mit geblähtem Gefieder des Badnerlied schreie
dazwische verschlafe, an hiesiger Knaddel
so a süßlich faulige badische Dattel
mit de Bollekapp am Kopf und im Lodemantel
steht er mittedrin im Klimawandel

Wenn Großes geschieht, wenn die Welt ausem Tritt
ja, der richtige Badener, er kriegt's halt nicht mit.

Spaziere

Die sonntägliche Mobilmachung zwische Schaulaufe und Almauftrieb, also der klassische Sonntagsspaziergang, war eins von de größte Martyrie meiner Kindheit. Sonntag für Sonntag durch den Wald dabbe. In de Sonntagsklamotte. Nix hasch anlange dürfe. »Du machsch dich dreckig! Lass doch die Finger von dem tote Reh, des isch doch schon verwest!«

Nix hasch mache dürfe. Auf keinen Baum klettre, keine Grundbolle auf de Vater schmeiße und in kei Wasserlach neiliege, nix. Und kaum simmer ausem Wald nausglatscht g'wese, simmer an de Schaufenster vorbeigetriebe worde. Was intressiert denn des an Achtjähriger. Des Einzige, was mich interessiert hat, des ware im Dessouslade die Büschdehalter und die raffinierte Dameunterwäsch. Also mehr so von der Technik. Wie mar so gewaltige Fleischmasse mit so dünne Verstrebunge, Stütze und Gummizüge in Schach halte kann. Des hat mich interessiert. Aber ausg'rechnet da sin meine Eltern im Stechschritt vorbeig'rannt. »Des gucksch du mir nicht an!«

Irgendwann hab ich dann zum Vater g'sagt: »Herrgottzack, für was hat eigentlich Carl Benz des Auto erfunde. Mar kann doch auch an Sonntagsspaziergang mitem Auto mache. Spaziere fahre. Des isch doch kei Familie, wenn de Vater zwei Kilometer vorausrennt, die Mutter hinterherkeucht, die Kinder irgendwo im Unterholz mit vergammelte Rehkeule spiele.

Im Auto sitzt mar schön zusamme. Isch festgeschnallt. Da kann keiner ausbreche, abhaue, davonlaufe. Die ganze Woche geht jeder seiner Wege. Wenigstens am Sonntag sollt die Familie zusammenhalte.«

Als mein Vater dann 1965 mit unserem erste Mercedes vorg'fahre isch, war des wie die Landung vome Ufo. Die ganz Nachbarschaft isch auße rumg'stande und hat g'fragt, ob der Dinger auch fliege kann.

Jesses, ware mir stolz. Des kamer sich heut gar nicht mehr vorstelle, des Glück.

A tierisches Gerät war des. Vorne an Fuchsschwanz, hinte Haifischflosse und in de Mitte mir vier Rindviecher.

Der Wage war was B'sondres. Net so wie heut. Heut kannsch kaufe, was du willsch, du kriegsch immer an Opel Astra.

Mit eme G'wicht von 1,4 Tonne bei 55 PS war unser Mercedes a Herausforderung für Motor, Getriebe und Besatzung. Von null auf 100 in zehn Minuten und elf Sekunden. Der Elefant unter den Pkw. Mehr g'schluckt als wie g'fresse. Zum Auftanken hat sich unser Vater immer was zum Lese mitg'nomme.

Inne drin Luxusausstattung. Die ganze Inneverkleidung mit Raufaser tapeziert. Zigaretteanzünder. Schon allein deswege hat de Vater mitem Rauche ang'fange. Und endlich hat emal unser Mutter was für sich ganz allein g'habt. A Handschuhfach. Da ware dann em Vater seine Rothändle drin.

Wenn mir in de Sommerurlaub g'fahre sind – über de Gotthard drüber – runter an de Lago Maggiore, dann habe mir bei der Runterfahrt vom Pass durch des enorme G'wicht (selber gestricktes Baumwollzelt aufem Dach, drei Käste Bier und 40 Büchse Ravioli im Kofferraum) so en Schwung draufg'habt, dass mir an der Autobahn-Ausfahrt bei Bellinzona glattweg vorbeig'schosse sind, weil de Vater die Wucht dieser beschleunigten Masse gar nicht mehr hat abbremse könne. Erst in Mailand simmer zum Stehe gekomme. Mit Rückewind hätte mirs bis Rom g'schafft. Oder mit zehn Büchse Ravioli mehr.

Badischer Reiseführer

Von Mannem nach Konstanz, da bleibsch du gern steh'n
auf der rechte Seit 's Elsass, da isch alles so schen
na guggsch nach links und alles isch schwarz
es riecht nach Döner und es riecht nach Harz
du stehsch im Wald und a Kuckucksuhr scheppert
während hinter dir an Schwarzwälder Räpper räppert

Dicke Tanne bis nauf zu de Wolke
aus de Zapfe wird Schwarzwälder Bier gemolke
Holz isch die Zukunft und weil mir des wellet
ernte mir zweimal im Jahr frische Pellet
die wachse im Wald, die musch du bloß pflücke
des mache für uns Pole, da musch du dich net bücke

Bei uns wachst fast alles, selbst Kaffeebohne
Orange, Banane und Zitrone
bei uns aufem Markt kriegsch zu jeder Saison
badische Zwetschge ausem Libanon
so fruchtbar wie mir sin noch net mal die Saue
von de badische Männer hat jeder drei Fraue

Mir spiele gern Fußball und mir spiele auch gut
manchmal wird g'rennt, aber meischtens wird g'ruht
es gibt ganz speziell die badische Liga
de Schiri isch von da, doch die Mannschaft aus Riga
sogar die Fraue, die kriege Applaus
spiele die am Abend, geh'n die Scheinwerfer aus

Wenn die erste Schneeflock über d' Weißtanne fegt
wird in Holland des Board auf de Volvo gelegt
na geht's nimme lang, na steh'n se am Lift
wo mar die ganze Dackel von letscht Jahr trifft
doch kaum sind die Piste präpariert
hat der Westwind alles wegrasiert

Bisch du Japaner und hasch wenig Zeit
willsch de Schwarzwald bereise, na hasches net weit
der Vogtsbauernhof zeigt in ganzer Breite
verrußte Küche aus ganz ferne Zeite
da seh'n die Japaner dann Parallele
zum heutige Zustand der Schwarzwälder Seele

Mai

Fast hätt ich sie net erkannt, die Frau Knopf. Seit Monaten verhüllt und beschichtet wie a Zwiebel – und jetzt Anfang Mai a grasgrüne Schürz über der blumige Blus. Die Haar schön g'macht, frisch vom Frisör. Bissele hat sie mich an Carolin Reiber erinnert. Richtig rausgeputzt hat sie sich. Wie vom Dekorateur arrangiert zu dem frische Salat, dem Lauch und dem Spinat. Wie ein polierter Ulmer Polizeiapfel glänze ihre Bäckle. Die blasse Weißkohlköpf sehe dagege richtig ung'sund aus. Ich glaub, die sind an dem Tag net gekauft worde.

»Frau Knopf«, sag ich, »heut sehn Sie aber blendend aus. Da weiß mar ja gar net, wo mar neibeiße will. In die knackige Radiesle oder in Sie. Gell, der Mai hats in sich. Da bringt mar sich kaum noch gebremst.«

Der Mai isch wirklich an Wonnemonat. Wo du hinguggsch, rebelliert die Natur. Überall sprieße die Blätter und die Vögel sind ausem Häusel. Bei mir auf der Terrass schießt der Feigebaum regelrecht in die Höh und die hellgrüne Blättle recke sich neugierig em Licht entgege. Du meinsch grad, die Knospe platze auf und die winzige grüne Feigeböbbele fliege dir um die Ohre. Mein Oleander kanns auch nimme verhebe, und die Blattläus sind in Hochstimmung, die Drecksviecher. Inzwische reg ich mich nimme so auf, der Herrgott wird sich schon was dabei gedacht habe, bei der Schöpfung von dem Ungeziefer.

Überfluss, wo du hinguggsch. Du kannsch gar net genug kriege und willsch immer nommee und nommee.

Nommee

Des erste Wort, des a Bobbele sagt
wenns gierig an der Mutterbrust nagt
wenn die Mama übers Köpfel streichelt
und des erste Fürzel ausem Bobbele entweichelt
des erste Wort, wenns Christkindel naht
mit der Skiausrüstung und em Kinderfahrrad

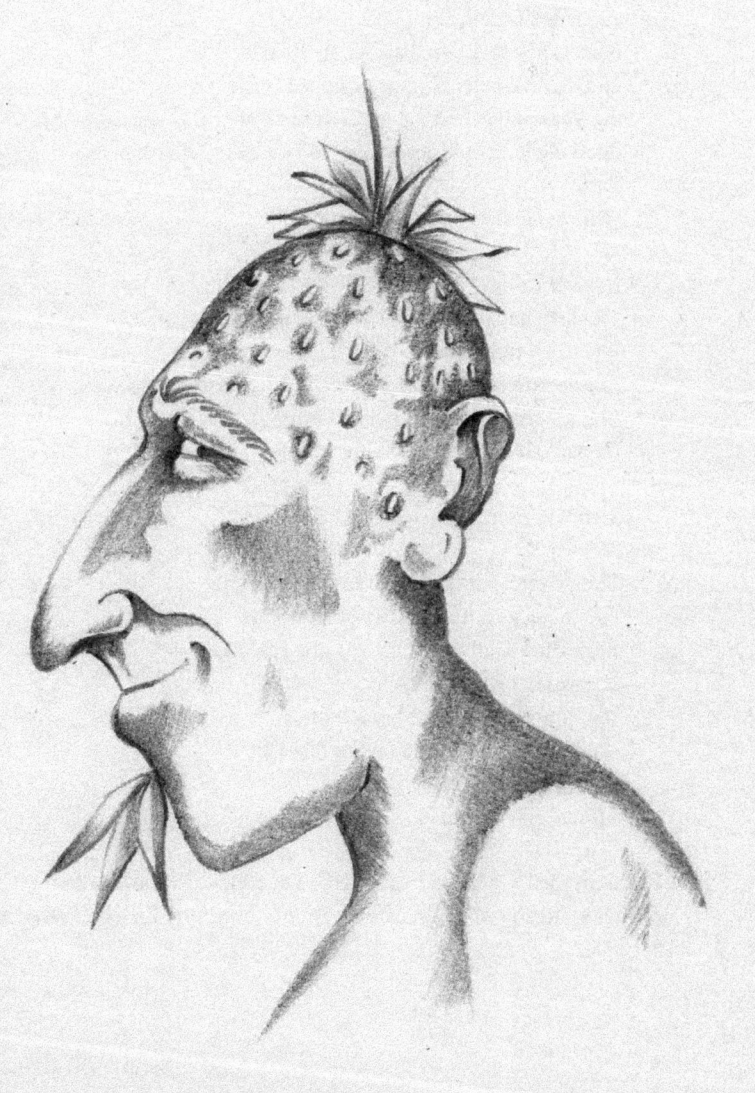

»Ich will nommee …«

Mei Tante war 80, da war was los
allein des Büfett, riesegroß
Fünf ganze Wildsäu, Fasane, an Hirsch
20 Quadratmeter Schwarzwälder Kirsch
die Verwandtschaft hat g'fresse, des Büfett war leer
doch die kame immer wieder mit de leere Teller her

»Mir wolle nommee …«

Ich war mit der Traudl Stehblues tanze
Mensch, hab ich g'schwitzt, am ganze Ranze
hab mich treibe lasse, in sie verbisse
mit de Fingernägel hat sie mei Hemd verrisse
und g'stöhnt hat sie in meine Ohre
da hab ich die Beherrschung verlore

»Ich will nommee …«

Drei Viertel Riesling, also ziemlich getankt
so bin ich zum Parkplatz nüberg'wankt
nach fünf Kilometer hats vor mir geblinkt
ich werd von der Polizei rausgewinkt
ins Röhrle blase, jetzt bin ich dran
die Polizíste feure mich beim Blase an

»Mir wolle nommee …«

Nach dem Lied sag ich gern zu meine Kabarett-Zuschauer: »Wenn ihr nachher a Zugabe wollt, na ruft ihr »nommee«! Auf »Zugabe!« reagier ich ungern.

Günschdig

Es wird im Mai net nur früher hell und später dunkel. Es wird ja auch alles a bissele leichter. Bloß mein Einkaufskorb wird schwerer, weil mar sich kaum noch bremse kann, bei dem reichhaltige Angebot aufem Markt. Leichter wird auch der Geldbeutel, aber genau g'nomme isch der Einkauf günschdiger, wege dem riesige Angebot und de niedrige Preise.

»Günschdig« isch für uns Badener net nur der Ausdruck für a ang'messenes Preis-Leistungsverhältnis, nein, »günschdig« isch a regionale Grundhaltung, die auf der philosophische Erkenntnis beruht: »Weniger isch mehr, knapp isch noch mehr, nix isch alles!«

Da habe mir drei Kategorie:

»Günschdig«

»Saumäßig günschdig«

»Prunzgünschdig«

Nur »günschdig«, da falle die Sonderangebote drunter. Oder der Kopfsalat aufem Markt, den du jetzt im Mai fast nachg'schmisse kriegsch.

»Saumäßig günschdig« sagt mar zum Beispiel bei folgendem: Mir wollte letztes Wocheend zu viert a Wanderung mache. Bühl–Bühlertal–Kohlbergwies, dort was trinke und dann wieder retour. Jetzt hab ich des mal durchg'rechnet. Drei Hefeweize, zwei Cola und an Kamilletee, Abnutzung von de Wanderschuh, Hirschtalg für die Füß und Sonnecrem fürs G'sicht: 25 Euro 20 Cent.

Jetzt sind mir aber an dem Wocheend nicht g'wandert, sondern für 99 Cent pro Person vom Baden-Airpark nach Madrid g'floge, vier Cappuccino da unte am Flughafe getrunke, abends zurück. Inklusive Spritgeld von Bühl zum Airpark: 22 Euro 96. Und jetzt kommsch du. 2 Euro 24 Cent gespart. »Saumäßig günstig!«

»Prunzgünschdig.« Also, des Prädikat verleihe mir ganz selte. Zum Beispiel, wenns bei Aldi a Notebook für 20 Euro gibt. Des kriegsch ja regelrecht nachg'schmisse.

Gut, so a Platzwund am Kopf sieht ungünschdig aus, aber der Preis isch unschlagbar.

Kartoffelsupp

Des viele frische G'müs vom Wochemarkt isch natürlich für mich, der ich gern koch, paradiesisch. Wenns dann die erste frische Kräuter gibt, na mach ich gern a badisch-katholische Kartoffelsupp nach Hausfraueart. Des Rezept isch von de Mengeangabe für größere Feste gedacht. Geburtstage, Hochzeiten, Scheidungen ab 120 Persone.

Dazu brauchsch du:

6–8	mittelgroße badische Hausfraue (mehlig!)
40	Zwiebeln
3	Flasche Öl
1 kg	Salz
1,5 kg	Pfeffer
circa 1	Quadratmeter frisch g'mähtes Suppegrün
30 l	Wasser
	a Messerspitze Muskat
1	Vaterunser

Wenn mar jetzt recht magere Hausfraue nimmt, wird die Festgemeinde meistens net satt. Deswege noch a Rezept für an Hauptgang, der sehr gern bei uns im Badische aufgetischt wird:

Marinierter schwäbischer Mountainbiker im Blätterteigmantel

Mar nimmt an frisch vom Rad gezogene schwäbische Mountainbiker. Wahlweise geht auch an gut abg'hangener schwäbische Walker (bitte ohne Stöck!). Walker sind leichter zu fangen als wie Biker. Die Weible sind zarter. Da kannsch du auch durchaus mal a ganzes Rudel in die Pfann haue.

Sorgfältig den Mountainbiker trikotiere, also häute. Enthelme, abdusche und rasiere. In Oliveöl einlege, salze, pfeffre und 40 bis 50 Minute im Blätterteig gare. Derweil des Trikot klein schneiden, mit

Zwiebel und Peterling andünste und dem im Blätterteigmantel darnie-
derliegende schwäbische Mountainbiker beigebe.

Dazu trinkt mar en gut ausgebremste badische Riesling.

Badische Gastronomie

Leider isches ja so, dass die badische Gastronomie immer noch sehr
stark bedroht isch von Fremdeinflüsse. Für so an hochsensible und
komplexe Kosmos wie unsere Gastronomie kann des existentiell
werde. Es vergeht doch kei Woch, ohne dass es irgendwo in der Region an Schüler beim Verzehr vome Döner verreißt, dass der wie ein
knoblauchgestopfter Feuerwerkskörper durch die Innestadt pfuhst.
Biologische Kampfstoffe in Pfannkuche eing'wickelt. Ha komm, des
isch doch kein Zufall. Weißkohl, Rotkohl, Zwieble, Knoblauch. Des
weiß mar doch, dass Rohkost bläht. Da musch doch jederzeit damit
rechne, dass es dich verreißt.

Geh doch mal mittags um zwölfe zum Bosporus-Grill. Da hänge se
rum, unsere Grundschüler, Hauptschüler, Gymnasiaste. In der Hand
von Jufka-Kommandos. Drei Döner neigedrückt – und schon geht's
los. Schulranze zerfetzt, Zahnspange verboge und die ganze Knob-
lauchsoß überm Display vom Smartphone verschmiert.

Da macht mar sich einerseits Gedanke, ob die Beschneidung von
jüdische Bube zu Schnäppchenpreisen den Straftatbestand der Kör-
perverletzung erfüllt, und drüber hinaus vergisst mar, dass an fast jeder Ecke für 3 Euro 50 a ganz andere Bedrohung stattfindet.

Übrigens, des gilt auch für Tapas. Diese hinterfotzigen spanischen
Hungercanapés. Eine der gefährlichsten Tellerminen der Gastronomie. Schön unterm Salatblatt vergrabe. Gabel rein und wuff! Von der
Feuerkraft noch stärker als wie Döner. Datteln im Speckmantel habe
die Feuerkraft von Handgranate.

Gut, des kann mal vorkomme, dass einer beim Verzehr von badische Saure Nierle implodiert. Von der Zerstörungswucht jedoch kein
Vergleich zum Tapas oder zum Döner. Aber nicht genug, amerikani-
sche Fastfood-Drohnen überfliege den badische Magen-Darm-Trakt
und werfe ihre Blähbombe über der oberrheinische Tiefebene ab.

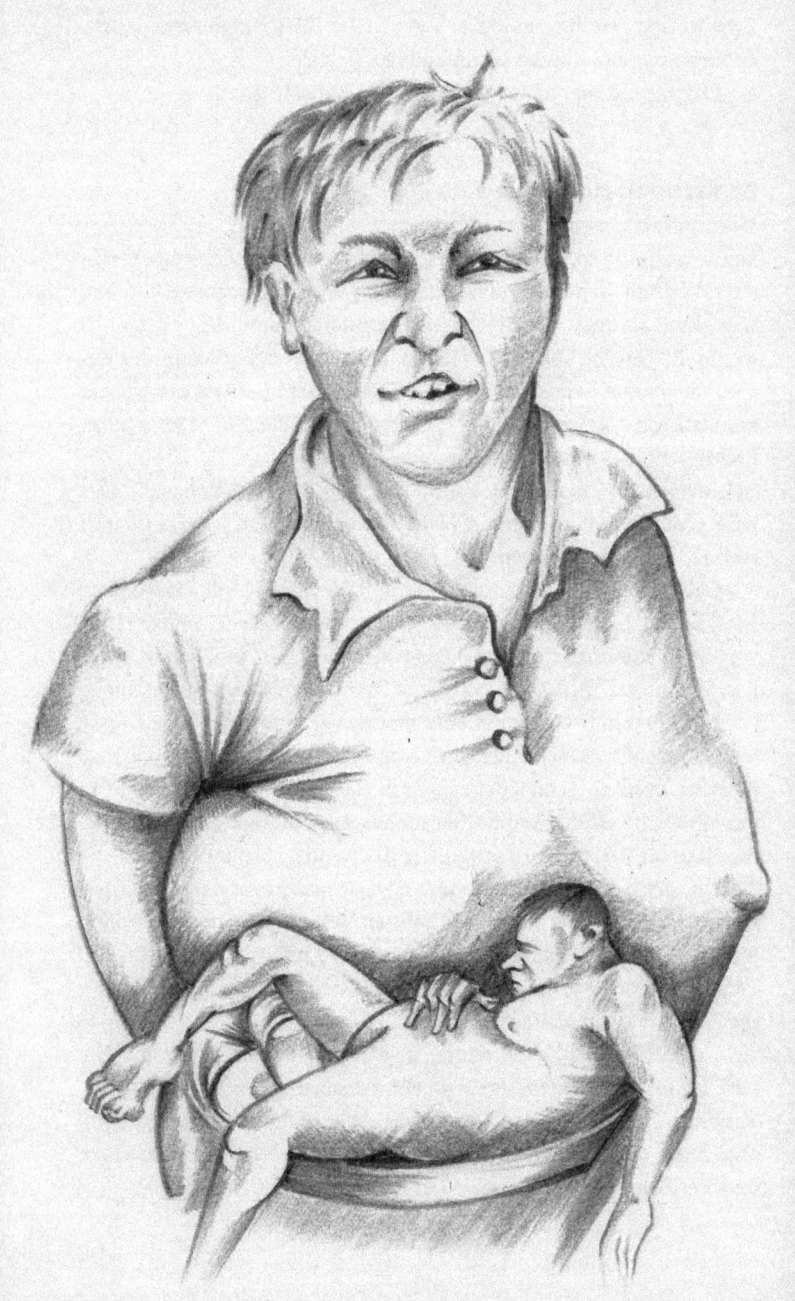

Und dann hab ich noch nicht von Sushi-Kriegern aus dem Thairestaurant g'sproche. Mit ihrem Kampfgare für übergewichtige Badener. Da isch dann aber Dampf in der Bambushütt. Da tanzt der Bambusbär im Wickelrock den »Wok around the clock«. Und plötzlich hörsch du aus alle badische Küche die Alarmsirene aufheule.

Rührt euch!

»Seit heute früh 4.30 Uhr steht die badische Küche unter Dauerbeschuss exotischer Spezialeinheiten. Von schwer bewaffneten Delikatessen umzingelt hat sich unser Vier-Sterne-Küchenpersonal in die Tiefen vom Küchenkenschterle zurückgezogen. Von hier aus senden wir auf Mikrowelle SWR4. Zwei angeschossene Zwetschgenknödel und ein schwer verwundeter Sauerbraten haben sich mit letzter Kraft in den Unterstand geschleppt. Vom Sauerbraten ist nicht mehr viel übrig. Wir brauchen dringend Soßenbinder und Senfwickel. Unser Meerrettich hat an Schärfe verloren. Der badische Spargel schießt, trifft aber nicht. Bei den bisher schwersten Gefechten auf den mit Mehlschwitzen versumpften Ceranfeldern sind zwölf badische Bubenspitzle in den Fangarmen von frittierten Kalamares erwürgt worden. Selbst unsere gefürchteten Saubohnen haben an Schlagkraft verloren und sind desertiert. Sollten sie zum Chinesen überlaufen, wird das ein Nachspiel vor dem Obersten Badischen Linsengericht haben. Weder unser alliierter Pfälzer Saumagen, feste Größe im Kampf um den Erhalt der regionalen Küche, noch der bayrische Fleischkäs, diese gemeine Trachtenwurst, stehen uns in dieser schweren Stunde bei. Selbst das befreundete französische Stangenweißbrot hat sich verkrümelt.

Badnerinnen und Badner. Rührt euch!
Ich rufe euch zu den Waffeleisen!
Mit Spatel, Kelle und Reibe zur Hand
für Gott und König im Badnerland.«

Die ganze Emanzipation von Rosa Luxemburg über Alice Schwarzer bis hin zu Angelika Merkel hat nix gebracht. Manchmal denk ich, die Fraue komme nur zur Paarung aus ihrer Küch raus. Was mache die in der Küch? Stunde, Tage, Nächte, a ganzes Lebe lang. Ich mein, gekocht isch doch gleich. Und des Geschirr spült die Maschin. Aber was mache die danach?

Die habe diese Küche nicht als zweiten Wohnsitz ang'meldet, da steht kei Schlafcouch drin, nix ... Und wenn ich dann nach Tagen nachschau, was die Frau da in der Küch so macht, na isch sie verschwunde.

Gut, es gibt auch Männer, die gehe Zigarette hole und sind dann wie vom Erdbode verschluckt. Aber die tauche doch wenigstens wieder auf. Bei andere Fraue, die wiederum auch irgendwann in ihrer Küch spurlos verschwinde.

Also. Ich komm in die Küch, um nach meiner Frau zu gugge, und will grad frage:»Isch's Esse fertig?« Aber da isch niemand mehr. Dann mach ich mir natürlich Sorge und fang an zu suche.

Moderne Einbauküche sind ja die reinsten Labyrinthe. Allein bis du sämtliche Schubkasten-Unterschrank-Kammern nach der Frau durchstöbert hasch, könne Woche vergehe. Hängeschränke, Eckschränke, Gefrierschränke. Dann kriechsch hinter Abdeckunge, Verblendunge und Rollgitter, wühlsch dich durch verwinkelte, miefige Tubber-Verliese. Wie willsch du da deine Frau finde? In dem ganze Müll. Tubber-Antiquitäte aus drei Jahrzehnte. Da weisch nicht mehr, sind des abgestürzte Ufos oder Tortensärge. In der Nachbar-Gruft: Eiscrasher, Stabmixer, Waffeleise, beutellose Bürstensauger, Turbogrill, Crèpewickler, Messerblock, Mikrowelle, Römertopf. Da liege noch Knoche drin. Sind das womöglich die Überreste meiner Frau? Weiß Amnesty International Bescheid?

Weiß die Öffentlichkeit, dass sich hier unte zwische Altpapier und Wertstoffeimer a Parallelgesellschaft entwickelt? Fruchtfliege ohne Landeerlaubnis, Kücheschabe ohne Aufenthaltsgenehmigung, rebellierende Joghurtkulture. Kein Mensch weiß, dass es hier unte im Biomüll unkontrollierte Methangasvorkomme gibt. Auch hier isch die Frau nirgends zu finde. Die Verzweiflung und die Sehnsucht treibt dich ans Licht und du stehsch weinend im matte Schein der Dunstabzugshaube, deren asthmatisches Röcheln nix Gutes ahne lässt. Und plötzlich weisch du: Deine Frau isch durch die Abzugshaube verduftet. Und deswege bleibt viele Männer nix anderes übrig, als wie die Regie in der Küch zu übernemme.

Schwarzwälder Kirschtort

Kirsche, Sahne, Schicht für Schicht
die ganz Rezeptur, allein a Gedicht
beim Rühre, beim Spachtle, beim zehrende Knete
hörsch du vor Ehrfurcht keinen mehr rede
du kauersch vorm Herd, a Hoffe und Bange
wird es denn diesmal für alle lange?

Und dann isch se fertig, und beim erste Bisse
in diesem Moment tusch du nix mehr vermisse
mit em Gäbele penibel drin rumoperiere
sorgsam die Kirsche fein seziere
und wenn se vom Gaume nach unte hupfe
spürsch, wie se neckisch am Zäpfel zupfe

Widerstand zwecklos, du kannsch dich kaum wehre
saumäßig arges, extremes Begehre
mich tut des jedes Mal neu errege
wenn sich die Kirsche nach unte bewege
nach passende Worte musch da net lang suche
göttlich der Schwarzwälder Kirschekuche

Selbst standhafte Type, Gesundheitsvertreter
Reformhausbetreiber, Kürbisanbeter
militante Veganer und Wurzelnager
steckelesdürr oder grenzwertig mager
sie tun sich riesige Stücker auflade
kiloschwere Sahneflade

Übergewicht, Doppelkinn, Schwimmringhüfte
pestilenzgeschwängerte Abgasdüfte
alles vergesse beim Anblick der Tort
mit some Ranze machsch du kein Sport
nachem dritte Stück hasch dann des G'fühl
isch für die Heimfahrt mein Fahrrad stabil?

An einziger Blick und der Doktor erkennt
bei wem unter Schmerze der Sod verbrennt
Magedrücke und Ranzeblitze
träges Gedärm und nächtliches Schwitze
des Blut isch sauer, der Urin isch blass
die ganze Nacht Alpträum und morgens bisch nass

Und trotzdem, allein die Architektur
die Zutate rein aus Gottes Natur
a Stückel aus Baden, a süßes Plesier
sie isch und sie bleibt eine wie mir
stattliche Größe, edel und fein
so was kann nur aus Baden sein.

Gott in Baden

Ende Mai, so um Fronleichnam rum, mach sogar ich mir so meine
Gedanke zur Situation der katholische Kirch. Net weil ich gläubig
bin, sondern weil ich Kabarettist bin. Und da hasch halt doch a große
Verantwortung.

Immer mehr Anhänger der katholische Vereinigung mache sich
von de Socke. Seelsorgeeinheite müsse gebildet werde, Filialleiter
entlasse. In Baden-Württembergs Fußgängerzone trifft mar die erste
Hartz-IV-Pfarrer. Die sogenannte Bettelmönche. Moralische Ent-
gleisunge koste die Kirche weiteres Fachpersonal. Allein der heilige
Padophilius von St. Blasien hat der katholische Kirch tausende von
Kircheaustritte beschert. Schöne Bescherung!

Im Prinzip müsst mar die ganz Institution völlig neutralisiere und vom Fundament her neu aufbaue. Abriss und Neubau isch immer günschdiger als wie Sanierung.

Priester habe völlig die Orientierung verlore. Wolle heirate, zum Teil untereinander. Fraue wolle Pfarrer werde, Pfarrer wolle Fraue werde. Pfarrer wolle Pfarrer bleibe.

Viele Katholike suche sich a neue Heimat. Verbringe ihren Sonntagvormittag im Europa-Park Rust. Oder sie lasse sich auf a sechswöchiges Probeabo bei der evangelische Kirch ein. Was jetzt eher weniger vorkommt, denn wer a Lebe lang die Wunderwelt römisch-katholischer Varieté-Veranstaltunge g'wohnt war, der kann mit Kleinkunst nix anfange.

Die katholische Strukture sind total verkrustet. Maria Himmelfahrt isch nicht der einzige Weg ins Paradies. Es gibt auch noch Ryanair. Junge Leut habe für ihre religiösen Belange eine App. Gebe sich die »Appsolution« selber. Den gekreuzigten Selfie. Und während sich die christliche Religione selbst bemitleide, tummle sich in der Eroberer-Moschee im badische Pforzheim 750 Barfüßler bei der Spätmess. Zusätzlich Stauraum für 150 Fraue auf der Empore. Videoübertragung auf de Vorplatz. »Public Mosleming.« Davon könne die Katholike nur träume.

Die zunehmende Islamisierung hat uns inzwische regelrecht durchdrunge. In viele Alltagsbereiche simmer doch selber schon so halbe Moslems. Der eine kauft seine Olive beim Türk, der andere rennt beim Sonntagsspaziergang drei Kilometer voraus. Der nächste schickt seine Kinder zum Döner und sagt zu seiner Frau, sie soll de Müll runtertrage. Und wenn die Frau dann sagt: »Komm, Schatz, mir geh'n in de Gottesdienst«, na sagt er: »Allah gut!«

Juni

J esses, der erste Samstag im Juni und die Frau Knopf isch net da. Ja, was isch denn jetzt los? Die war doch immer da. Hinter ihrem Marktstand steh'n zwei Riesekerl, unrasiert, alte Anoraks an, Händ in der Hosetasch. Zwei-Knopf-Bube. »Ja, oha!«, denk ich. Isch die Mutter krank? Bevor ich mir an Überblick übers heutige Angebot aufem Stand mach, frag ich einen von dene Kerl, wo die Mutter isch.

Sie wär in Stockholm. »Oha!«, denk ich zum zweite Mal an dem Morge. Was macht denn die in Stockholm? Ich will ja net wunderfitzig sein, aber interessiere täts mich jetzt doch. Die Kundschaft will ja immer wisse, was im Geschäft los isch, wenns mal net so isch wie immer. Einmal liegt der Kopfsalat mit em Kopf nach unte aufem Stand, schon frage die Kunde, ob was passiert sei.

Also Stockholm. Und dann erzählt einer von ihre Bube, dass die Mutter aufem Meerrettich-Symposium sei. Der badische Meerrettich-Verband hätt sie hingeschickt, um Neuigkeite über Anbau, Verarbeitung und Vertrieb von dem Meerrettich zu erfahre. Warum sich die Meerrettichanbauer in Stockholm treffe, des wüsst er allerdings auch nicht. Und ob in Stockholm Meerrettich wachst, des könnt er sich auch net vorstelle. Aber wer weiß?

Erdbeere, Johannisbeere, Stachelbeere, Himbeere. Der Marktstand bricht fast zamme. So viel kannsch gar net esse, was der Juni so alles auf de Tisch bringt. Rettich nehm ich mit und Spinat. Des mag mein Junger, mein schleckiger Sohn, zwar net, aber mei Traudl guggt mich immer so selig an, wenn ich Spinat mach. Und dann sagt sie ihren Lieblingsspruch: »Rose bedeute mir viel, aber Spinat alles!« Also mach ich heut Spinat, Bratkartoffel und Spiegeleier.

Und wie ich so die Kartoffel schäl, muss ich dran denke, wie ich damals im Juni die Traudl kenneg'lernt hab. Tief im Süde, irgendwo zwische Baumwollfelder und Mississippi-Altrheinarme imme verlassene Tabakschuppe. Drinne die Sommerdisko von der katholische Jugend. Ausem Lautsprecher des urbane Wummern einer oberrhei-

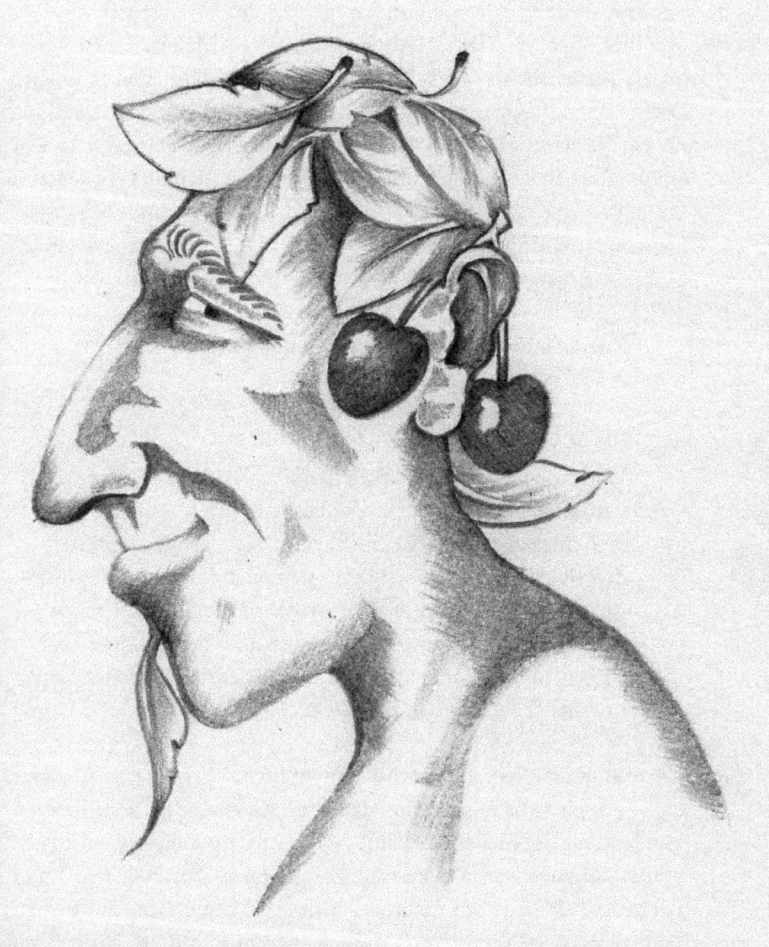

nische Bluesrock-Combo. Blauviolett, bis an die Schmerzgrenz, runtergedimmtes Knutschlicht. »Oh Lord, have mercy«, habe mir da drin g'stöhnt. Mir ware ganz narkotisiert von dem Tabakmief. Verknotete Paare auf erdiger Tanzfläche.

Stehblues

Traudl 17, ich 15. Traudl 1,80 Meter, ich 1,62 Meter ... 1,62,5 Meter. Es passte einfach alles. Zwei überreife Fleischtomaten in inniger Deformation. Wir hätten in dieser symbiotischen Verschmelzung bis zur Verlobung ausgeharrt, hätte nicht irgendwann gegen 21 Uhr Stadtpfarrer Baier das Scheunentor aufgerissen, den Stecker gezogen und etwas von »Jüngstem Gericht« geschrien. Und dann noch »Dirty Dancing!«. Wie konnte das sein, dieser Film lief erst Jahre später. »Oh Lord, have mercy!«

> *Refrain* | Steh-, Stehblues, ja, steh den Blues
> steh-, steh-greife mich
> oh steh, Traudl, steh!

Wir waren Stegdosen in Steghosen
wir stehbluesten bis zum Stehhusten
Steh mir bei, bleib steh'n, nicht geh'n, steh, Geiger, steh, steh
den Blues, beiß mich im Steh'n, steh mich im Biss, im Steh-im-Biß, bis ich, bis ich in meinem Stehkragen steh, See-Kraken
seh, die mit ihren langen Steh-Haken alles umschlingen und
ringen, mit Stehlampen singen, du Stehleiter, Drehleiter, weiter
und heiter, ja, steh den Blues!

Um von einem Bein aufs nächste zu wechseln, verging eine Ewigkeit, die wir auch brauchten, denn wir hatten vier Beine zu koordinieren. vier heimatlose, suchende Hände. »Oh Lord, have mercy!« Völlig erschöpft mussten wir uns gegenseitig beatmen. 18 Zentimeter zu Traudl hochzuatmen hätte ich nicht geschafft. Wir kamen uns auf halbem Wege entgegen. Traudl roch nach Samstagnachmittag. Noch heute

habe ich diesen erregenden Duft von Kernseife, Clearasil und Veilchen in meiner Nase. »Oh Lord!« Ich roch nach Freitagvormittag. Auch hier trafen wir uns auf halbem Wege. Die erregende Langsamkeit trug uns hinweg, aber wo hätten wir hinsollen, stand doch Stadtpfarrer Baier vor dem Scheunentor. Also blieben wir. »Oh Lord!«

Mathe und Physik eins, Religion fünf. Beste Voraussetzungen, um sich intensiv mit Traudls BH-Verschluss zu beschäftigen, den ich nicht knacken, sondern nur für einen späteren Zugriff auskundschaften wollte. Stadtpfarrer Baier hatte einmal im Kommunionunterricht gesagt: »Gott der Herr, der Allmächtige kennt alle Wege, weiß immer eine Lösung und weiß jeden Zugriff auszukundschaften.«

Refrain | Steh-, Stehblues, ja, steh den Blues
steh-, steh-greife mich
oh steh, Traudl, steh!

Urlaub

Der Spinat isch fertig, die Bratkartoffel schön hellbraun und mit scharfem, mediterranem G'würz bestreut. (»Kannsch du auch normal koche?«, fragt mein Sohn). Die Spiegeleier pfuhse in der Pfann. Dann hocke mir draußе auf de Terrass. Mein Junger beschwert sich bei mir über die Ameise, die in seinem Esse rumlatsche. Als ob ich was dafür könnt.

Bei so einer sommerlichen Stimmung mache mir dann gern Urlaubspläne.

»Was meinsch, Traudl, solle mir dies Jahr wieder nach Frankreich fahre«, sag ich.

»Hajo, warum net. Da simmer sprachlich wie kulinarisch daheim.«

Und so isches ja auch wirklich. Mir Badener aus der Rheinebene sind im Französische daheim. Sag ich erst gestern zu meiner Traudl, die noch im Neglische unterm Plümmo schläft: »Alla, Traudl, ich fahr jetzt mitem Velo zum Frisör. Mei Toupe arrangschiere lasse.«

Dann komm ich nach zwei Stunde heim, sagt sie: »Du hasch ja immer noch den gleiche Fassongschnitt wie vorher. Siehsch immer noch aus wie der Scherar Depardieu.« Sag ich: »Hajo, ich war ja auch gar nicht beim Frisör, ich war in der Brasserie. Hab dort an Paschtiss getrunke, mit der Schakline palavert, a Goloas g'raucht und dann wieder retour!«

Drauf sie: »Jaja, wahrscheinlich hasch dir hinterm Parawong Appetit g'holt bei sellere Schakline. Aber dass des klar isch: Gesse wird daheim in der Kantin. Und g'schlofe wird im Sebaree. 's Filet bin ich und 's Desser gibts nachher auf der Schäslong und net bei sellere schick Madam Pompadur. Dere ihr Parfüm riecht mar ja die ganz Schossee entlang.

Könntscht dich ruhig daheim a bissel mehr engaschiere. 's Trottwar fege und die Garasch aufräume. Ich hock de ganz Tag mit der Sticknadel vorem Gobeleng. Und du …?«

Na sag ich: »Jo was, musch mir jetzt kei Plädojeh halte. Du mit deinem Gobeleng! Erst lass ich die Wohnzimmerwand mit Sateng und Schiffong beziehe bis nauf zum Plafong, und dann hängsch du dein blede Gobeleng drüber.«

Also, Frankreich war jetzt zumindest mal in der engere Wahl für unseren Sommerurlaub. Unser Schorschi wollt wie immer nach Florida zum Räppertreffe, aber mei Traudl und ich sind jetzt net so die Räpper. In der engere Wahl war dann aber auch Spanien. Und tatsächlich habe mir dann nach langem Hin und Her beschlosse, mal nach Spanien zu fahre.

Ich gleich bei der Volkshochschul an Spanischkurs belegt, weil der Spanier im Vergleich zum Franzos weit mehr fremde Wörter in seinem Sprachbeutel hat.

In dem Kurs war ich der einzige Mann. Anscheinend bin ich an untypischer Mann. Hauswirtschaft, koche und viel spreche sind ja eigentlich eher weibliche Diszipline.

Also hab ich Spanisch gebüffelt. Natürlich isch durch den Kurs aus mir kein Spanier g'worde, aber zum Überlebe langts. Zum Beispiel wenn im Urlaub krank wirsch, da musch dich ja verständige könne. So einigermaßen …

»Seniores, rollatorres, alemannes! Buenass tardess vaselinos, östroge-
ness e in fektioness.«

Des heißt: Meine sehr geehrten, kranken Mitbürger!

»Do lomo Sevillia, dermatologgia del hospital, el thyroxin mutscho
aorta, Klinikum Mittelbaden, anti depressiva, mi nombress parkin son
con hormones sangria intra venossos.«

*Frei übersetzt: Wir begrüßen Sie im Klinikzentrum Mittelbaden und
informieren Sie über den derzeitigen Zustand der verengten Verhältnisse. »Intra Venossos.«*

»Seniores e salmonelles!« *Sehr geehrte Ehepaare.*

»Malagastritis, corrida brutall, por fabor, comprende mui proseco
prostata, asta luego hormoness, hormoness, hormoness! El thyroxin,
ton sisterronn e mucho antibiotika.«

*Wir befinden uns derzeit in einer schwierigen finanziellen Situation.
Es fehlt an Finanzspritzen.*

»Alemaness dementos! Viagras e vaginass.«

»Viagras« heißt: Es steht schlecht ... finanziell g'sehe ... sehr frei übersetzt.

»Por fabor, ibu pro fenn, me dia betes sierra nevada. Un bokko
testo steronness reumatismo. Implantadess mucho athroses. Virus ba-
leares del Institution Bundesversicherungsanstalt. Seguridad social,
Real Madrid.«

*Jetzt wirds schwierig mitem Übersetze. Wir versuchen den Schulden-
berg ... also »Sierra Nevada«, der inzwischen die Höhe der Verschul-
dung des Rekordmeisters »Real Madrid« erreicht hat, auf die Schultern ... »reumatismo« heißt Schulter ... also auf die Schultern der in der
»Bundesversicherungsanstalt« Versicherten abzuwälzen.*

»Alemannes e senilos! Viva Espania! Mui attack al corazon, asta
luego e parkin son.«

*Liebe Krankenversicherten, wir hoffen sehr, dass Sie Ihren Herzkas-
per in unserer Klinik behandeln lassen. Für Herzpatienten erheben wir
keine Parkgebühren. Also »parkin son.«*

Mir habe dann erst mal an Stapel Reiseführer über Spanien in der Me-
diathek ausg'liehe und uns in den Urlaub eing'lese.

»Spanien, das Land der zitrusartigen Gewebereaktionen, die sich unter balearischer Monstersonne zu großflächigen Orangenhainen auswachsen. Spanien, wo knusprige Auberginenhüften und knackige Sellerieschenkel an den Stränden und Poolanlagen lümmeln wie Vollkorn-Kürbisse unter badischer Sonne. Halloween statt Erntedank.

Und während sich der nimmermüde Tross der Spanienurlauber vor den Frühstücksbüfetts der Chartercontainer einreiht, liegen in den Brandschutz- und Fußreflexzonen der Wellnessdiscounter die ersten Badenerinnen in den Presswehen ihrer Feng-Shui-Fasten-Woche, um sich bei einer mediterranen Säure-Basen-Trennkost auf den nächsten Urlaubstag einzuschwingen. Peeling, Pooling, Walking, Perfect Body, Base-Jump-Pressing, Fatburn, Cityjam, Powerstep, Schlammbad, Spanien!«

So habe mir uns dann für Spanien entschiede, und die Traudl freut sich jetzt wie ein Schneekönig auf den Urlaub. Die kanns nimme abwarte, bis es losgeht.

Und ich muss sage, den Urlaub hat sie auch verdient. Die viele Schafferei im Schaufenster vom Modehaus, wo sie als Dekorateurin schafft. Die schwere Schaufensterpuppe, die Stellwänd, die immer umfalle, und die Reißverschlüss von de Klamotte, die ständig klemme. Da isch se dann kurz vorem Urlaub fix und fertig und hat sich die Auszeit redlich verdient. So wie die viele andere total erschöpfte Mütter im Land, die Tag für Tag ihren Mann steh'n.

Meischtens isch ja der Beruf der Mutter mit einem 400-Euro-Job als Vater verbunde. Dann gibts aber auch Vollzeitmütter, die zusätzlich auf 20-Stunde-Basis Medikamente ausfahre und im Fernstudium Väterleswirtschaft studiere, um irgendwann in die steuergünstige Kombination »Halbtagesvater/Nebenberufsmutter« reinzurutsche.

Inzwische kamer »Mutterschaft« sogar studiere. Da gibts jetzt an Lehrstuhl in Freiburg. Auch für Männer. Da hängsch dann noch drei Semester Betriebswirtschaft dran. Oder du gehsch in Richtung »Diplommutter«, um anschließend den Master in »Vaterschaft« zu mache. Männer hänge da gern noch zwei Semester Jura dran.

»Mutterschaft« isch inzwische eins von de anspruchsvollste Studiefächer, grad weil Kinder a große Herausforderung darstelle. Also, ich sprech von Vollzeitkinder bis zum 40. Lebensjahr. Wer Kinder hat, wirds wisse.

Da wird aus eme 17-Jährige am Samstagabend plötzlich an 18-Jähriger, der dann die Nacht wie an 28-Jähriger durchmacht, bis am nächste Nachmittag wie en 3-Jähriger schlaft und dann aufsteht wie an 80-Jähriger.

Mutter

Des Verhältnis zwische Eltern und Kinder isch ja nie einfach. Weil die Mütter die Kinder auf die Welt bringe, sind sie in der Regel immer näher dran als wie mir Väter. Des macht des Verhältnis aber net einfacher. Grad zwische Mutter und Sohn. Bei uns in der Region hat mar da so seine eigene Gedanke zu dem Thema und versucht des g'spannte Mutter-Sohn-Verhältnis mitem Kartoffelgleichnis zu erkläre:

»Du kannsch die Kartoffel noch so weit in die Luft schmeiße, sie kommt immer wieder zurück zur Mutter Erde.«

Des isch jetzt nix Spezifisches für Baden, denn überall auf der Welt falle die Kartoffle nach unten. Wege der Schwerkraft. Aber nur in Baden komme sie gekocht wieder zurück!

Je weiter du nach Südbaden kommsch, umso intensiver isch diese Mutter-Sohn-Bindung. Dort liegt der Nährstoffgehalt von Muttermilch weit hinter dem Nährstoffgehalt von Kartoffelsupp. Die ganze Familienstruktur isch dort versuppt. A Suppkultur! An jeder Eck im Südbadische hörsch du die Kinder rufe: »Die Mutter kocht Kartoffelsupp, die Bube stehe Schlange, die Mädle esse Joghurt und spiele lieber Fange.«

Und so wies verschiedene Kartoffelsorte gibt, festkochend oder mehlig, gibts auch verschiedene Müttersorte. Mehlig oder festkochend. Und mei Mutter, des war so richtig festkochende Mutter vom Land.

Ob jetzt mehlig oder festkochend, Mütter lasse sich in drei Kategorie einteile.

Ökomütter, die ihre Kinder in Form artgerechter Tierhaltung großziehe. Dann Fußballmütter, die Hooligans der Krabbelgruppe. Die gibts in Ausführunge zwische 80 und 360 Dezibel. Da isch aber die Aggressionsforschung noch ganz am Anfang. Und schließlich gibts singende Mütter. Die sind für alle Kinder nur schwer zu ertrage. Die lasse keinen Chor in der Region aus. Goschbel-Chor, Kirche-Chor, Eltern-Chor, Schwulen- und/oder Lesben-Chor.

Mei Mutter war leider von der dritte Kategorie. Mit der konnt mar sich net normal unterhalte, die hat jedes Wort g'sunge. Diese Singerei isch mir so was auf de Sack g'ange. Meine Kumpels sind mit 17 zu Deep Purple. Ich musst mit meiner Mutter zu de Fischer-Chöre in die Stadthall. Auch beim Udo Jürgens ware mir in der Europahall in Karlsruh. Aufem Heimweg hat sie dann in der Straßebahn in einem fort g'sunge: »Mit 17 hat man noch Träume.«

Nach der zweite Haltestell war die Straßebahn leer, kurz vorem Hauptbahnhof isch se entgleist. Mir sin dann mit em Interregio vom Hauptbahnhof heimg'fahre. In Bühl hab ich all meinen Mut zammeg'nomme und hab g'sagt: »Mutter, ich bleib sitze und fahr weiter nach Konstanz, denn mit 17 hat man noch Träume.«

Mitem Tanze wars ähnlich. Sie war net nur a singende, sondern auch a tanzende Mutter. Selten, dass eine singende Mutter nur singt. Meistens in der Kombination mit Koche oder ebe dann Tanze.

Tanze isch sozusage mit de Füß singe. Beim Sonntagsspaziergang zum Beispiel, du glaubsch es nicht. Die konnt net normal spaziere. Dauernd an Hopser, an Dreher, an Wiegeschritt. Was meinsch, wie mir des peinlich war, wenn sie im Supermarkt vor der Kühltheke g'steppt hat. Die hat, es isch wirklich so g'wese, die hat mitem Einkaufswage Walzer getanzt. Dann hat sie mich mit 15 in an Tanzkurs gezwunge.

Des war für mich die Entmündigung von meine Füß. Und dann noch in an g'mischte Kurs. Bube und Mädle. Geschlecht vom Tanzlehrer konnt ich nicht ausmache.

Als mir dann jemand vom andere Geschlecht zugeteilt g'worde isch, hab ich mich erst mal g'fragt: Was mach ich mit dieser mir unbekannte Frauehand? Feucht, warm und fordernd. Fünf total fremde, verschiedeartige und unberechenbare Finger. Wie kräftig muss ich zupacke, damit diese fremde Hand net runterfällt? Wie isch die rechtliche Seit, falls ich zu arg zupack. Werd ich verhaftet, wenn so an fremder Frauefinger abbricht!

Und dann isch da noch die andere Frauehand. Auf meinem Rücke, da, wo ich nicht hingugge kann. Was macht die da? Zehn Zentimeter über meinem Geldbeutel. Lasst die mich rechtzeitig wieder los? Verkrampft die sich vielleicht, die fremde Frauehand? Bisch ja von zwei Frauearme umzingelt. Nach hinten kann ich nicht ausbreche. Links und rechts isch auch verstellt. Die Flucht nach vorne gelingt nur, wenn ich meine Tanzpartnerin über de Haufe renn.

Und dann der Kopf. Was macht der Kopf, wenn die Füß mit Tanze beschäftigt sind? Gugge mir uns die ganze Zeit an? Rede mir mitnander? Falls ja, was? Was macht sie? Macht sie überhaupt was, oder muss ich alles mache?

Vor allem, wann lass ich sie wieder los? Es gibt Musikstücke, die dauern in der Langversion bis zu drei Stunde. Meine größte Angst, wie reagiert sie auf den Anblick Trainingsanzug mit Krawatt.

Kann es möglich sein, dass es Erwachsene gibt, die ohne chiropraktische Approbation und aus niedere Beweggründ Institutione eröffne, in dene menschenverachtende Bewegungsmuster verordnet werde, die einer zivilisierte und freie Gesellschaft unwürdig sind? Die Frag hat mich so beschäftigt, dass an Tanzen gar net zu denke war.

Chachacha

Die Damen und Herren bitte in Stellung gehen.

Ärmeln Sie die Beine hoch, Spreizteile leicht gebeint, knickern Sie Ihre Bocker.

Das linke Pömps über das rechtsaußen schlurfende Haferl ziehen und rechtes Pömps eingrätschen.

Bitte Vorsicht beim kreuzweisen Versenkeln der Schnüre, Bügelfalte läuft parallel zur Laufmasche.

Greifteile kräftig anklatschen und Handtasche im Anschlag.

Sollten Sie unsere Notrufsäule nutzen, nennen Sie bitte Name, Schuhgröße und Musikstück, bei dem Sie verunglückt sind.

Nun bitte die Tanzpartnerin aufklauben und Grundstellung.

Bitte die Verarmung entbeinen, die Herren verärmeln die Damen und die Damen pömpsen die Schnallen.

Beide Tanzpartner mit gegrätschtem Pömps zwischen Haferlinnenseite und geknickten Bockern einsenkeln.

Führungsarm der Dame durch die Lasche der Handtasche ziehen und linkes Bein über den geschulterten Führungsarm des Herrn führen.

Ganz toll. Immer dran denken, beim Tanzen eine Gasse für die Räumfahrzeuge freihalten.

So, das klappt ja schon ganz gut. Die Damen helfen den Herren aus der Handtasche heraus und versorgen ihren Partner ambulant.

Nun bitte Aufstellung nehmen zum Finale.

Das gebockte Haferl senkelt parallel zur Laufmasche, pömpst über dem Beckenboden der Handtasche und trifft auf die geknickte Innenseite der spreizenden Schlurfteile.

Die Herren der Erschöpfung bitte die Damen gefühlvoll aufbockern, abknickern und abwerfen.

Die Damen drehen Süd-Südost ab, überfliegen die Stereoanlage, Bodenpersonal bitte weitertanzen.

Damen aufsammeln, sortieren und neu arrangieren. Dankeschön.

Juli

»So, sind Sie wieder zurück aus Stockholm?«
Es isch wie so oft. Ich frag was, bloß dass g'fragt isch. Ich seh
sie ja vor mir, die Frau Knopf. Mar will a elegante Eröffnung
vom Gespräch mache, und was kommt raus? Luft. Ich hätt besser
sage solle: »Schön, dass Sie wieder da sind.« Oder: »Gottseidank sind
Sie wieder da.«

Genauso dabbig isches, wenn ich immer wieder meinen Schorschi
frag: »Hasch Hunger?« Na verdreht der bloß die Auge und nach 30 Sekunde sagt er: »Du weisch doch ganz genau, dass ich nie Hunger hab.«

»Hajo, klar«, sag ich. »Jetzt fallt mirs wieder ein. Du bisch ja der,
der noch nie Hunger g'habt hat.«

Wie auch immer, die Frau Knopf isch wieder im Land. Wieder zurück vom Meerrettich-Symposium in Schweden.

»Mensch, Frau Knopf«, sag ich, »jetzt bin ich aber froh, dass Sie
wieder da sind. Dass nix passiert isch. Kei Flugzeugentführung, keine
Streiks von de Pilote oder womöglich an Vulkanausbruch. Habe Sie
auch was von Stockholm g'sehe?«

Na guggt sie mich an, lacht und sagt: »Ich war doch net in Stockholm, ich war in Stockach bei de Meerrettich-Mess. Wie komme denn
Sie auf Stockholm?«

»Jesses«, sag ich, »Ihre zwei Bube ...« Na hat se gelacht: »Jaja,
die Kerl höre ja net zu, wenn die Mutter was sagt.« Darauf ich: »Des
kenn ich. Ich sag auch oft zu meinem Sohn: Junger, ich geh jetzt in
die Sauna. Na sagt er, ganz mit seinem iPhone b'schäftigt: Ja, isch gut,
Vater, bringsch mir a Packung Chips und a Kist Apfelsaft mit.«

Tomate lache mich eigentlich de ganze Sommer an, aber im Juli,
da kichere se. Also nemm ich Tomate mit, Gurke und Bohne. An Boh-
nesalat habe mir schon lang nimme g'esse, und außerdem muss ich
morge mit meiner Traudl an de Baggersee naus, und da isch an Boh-
nesalat in der Tubberschüssel genau des Richtige.

Sommer im Kopf

Im Schatte ratze unter Sonnedächle
mit der Zeitung die Hitz ausem G'sicht nausfächle
Löcher in de blaue Himmel neigugge
hemmungslos übers G'länder spucke
Unkräutle ausem Waschbeton zubble
die eitle Geranie mit de Fußzeh verstrubble

Spatze füttre mit Nasebobbel
die Füß renoviere mitem Hornhauthobbel
de Ameise zugugge, wie se krabble
Blattläus verscheuche, mit de Regewürm babble
de Buchsbaumzünsler beim Zünsle verschrecke
die heiße Füß ins Regefaß strecke

Refrain | Nur an einziger Tag, nur ich allein
einmal der König vom Balkon sein
doch es bleibt halt an Traum, weil die Realität
in Gestalt meiner Traudl vor mir steht
daheim ischs gemütlich und schattig im Haus
aber nein, ich muss ja an de Baggersee naus

Hämmer dann endlich nach einer Stunde
mit Müh und Not a Plätzel g'funde
voll in der Sonn, da will keiner liege
doch was Bräune angeht, kann sie net g'nug kriege
die andre im Kühle unter schattige Bäum
doch unser Sonneschirm, der steht dahoim

Und dann die Junge, von Jahr zu Jahr frecher
der Federball mit Absicht in mein Joghurtbecher
an Ball an de Schädel, an Frisbee an de Ranze
während schreiende Kinder auf de Nerve rumtanze
links hasch Gebrüll und rechts hasch Gestöhn
dazu heißer Wind, grad wie ausem Fön

Lieg ich am Rücke, tut mein Ischias zwicke
dann auf em Bauch tuts de Mage verdrücke
liegsch auf der Seit, kannsch 's Gleichg'wicht net halte
so liege Verletzte, Kranke und Alte
dann stell ich mich hin, weil ratlos ich bin
Na schimpft mich die Traudl: »Jetzt hock halt mal hin!«

Schlafe geht auch net wegem Hundegebell
und jetzt schlaf du mal bei 200 Dezibel
meditiere wär gut, doch wie sollsch des mache
wenn 500 Badegäst Party mache
es gibt ja Tablette, da bisch völlig down
doch die Nebewirkung isch, du wirsch nimme braun

Mei Traudl kennt hier alle, isch mit alle per Du
doch ich träum vom Balkon und hätt gern mei Ruh

Im Liegestuhl liege und Schweißperle zähle
Dreckbolle unter de Nägel rausschäle
im Bauchnabel bobble, nach Wollreste suche
de Krampfadre drohe und sie heftig verfluche
Bier trinke, vespre, ung'sund esse
verkeilte Winde ausem Ranze nauspresse

Ganz ohne Hemmung und ganz ohne Schranke
fantasiere, erotische Gedanke
träume von Sache, die gar net gehe
des Lebensrad nochmal rückwärts drehe
mitem fliegende Teppich gen Süde schaukle
der Traudl ewige Treue vorgaukle

———

Refrain | Nur an einziger Tag, nur ich allein
einmal der König vom Balkon sein
doch es bleibt halt an Traum, weil die Realität
in Gestalt meiner Traudl vor mir steht
daheim ischs gemütlich und schattig im Haus
aber nein, ich muss ja an de Baggersee naus

Hier treffe sich Mensche aus alle Länder
die Islamiste in züchtige G'wänder
Franzose, die sich überhaupt net geniere
sich die Tangas über die Segelohre schnüre
Schwabe, die dies Jahr Mallorca storniere
und dafür die badische Baggersee blockiere

Militante Nudiste, die sich an nix halte
die Junge okay, aber die Alte
ich gugg sie mir an, studier ihre Schenkel
na rufe die »Spanner, du gehsch auf de Senkel!«
na gugg ich halt weg und bin ganz verdruckt
dann sind die beleidigt, weil sie keiner anguggt

Die Traudl hat g'schlafe, der Spieltrieb erwacht
jetzt wird sie aktiv, jetzt wird was g'macht
sie, des heißt mir, plus Frisbeescheib
jetzt weisch, warum ich gern am Balkon bleib
ein jeder, der weiß es, der Frisbee kennt
der Frisbee fliegt schneller, als wie der Spieler rennt

Nach der extreme Frisbee-Tortur
müsste ich eigentlich erst mal in Kur
doch da bimmelt der Eismann, und mei Glüschde sage
nur mit me Schleckeis isch der Tag zu ertrage
ich kauf mir drei Bolle und will grad zahle
da liege die Bolle auf de Sandale

Mei Traudl kennt hier alle, isch mit alle per Du
doch ich träum vom Balkon und hätt gern mei Ruh

Mir und die andere

Auf de erste Blick erscheine mir Badener in unserer regionale Verwurzelung hinterwäldlerisch. In unsere folkloristische Traditione g'fange, engstirnig und wenig weltoffe. Stimmt aber so nicht. So nicht!

Guggemal … Obwohl mir in Baden bereits 1876 die Konfessionsschule abg'schafft habe, fühlt sich der Türk bei uns wohl. Mir habe kei Folter, kei Todesstrafe, und trotzdem fühlt er sich heimisch. Und des kann ja nicht nur an der beiderseitigen Liebe zum Mercedes-Benz liege. Ich glaub, da habe sich zwei Völker g'sucht und g'funde. Wer von der anatolischen Hochebene abwandert, der überlebt auch in Baden.

Unsere badische Dialekte sind de türkische Dialekte weit näher als wie die platte, norddeutsche Lautmalereie. Von der Hygiene her g'sehe sind Badener und Türke fast schon als steril einzustufe in ihrer antiseptische Grundhaltung. In der Hinsicht isch der Türk sogar dem Schwab näher als wie uns Hiesige. Und ich mein, ob der Kalbsbrate jetzt horizontal oder vertikal … Das kann unsere Völkerfreundschaft nicht trübe. Da habe mir seit 1989, nach dem Mauerfall in Deutschland, schon ganz andere Auswilderungsprojekte durchgezoge.

Jetzt isch Baden ja bereits in der Europäische Union, und mar fragt sich, wann marschiert die EU in die Türkei ein. Die Türke sind ja schon ganz heiß drauf. Warte schon sehnsüchtig, bis mir komme. Aus badischer Sicht längst überfällig, denn unser kalt gepresstes, natives Schwarzwälder Kirschwasser isch für den türkische Markt wie g'macht. Wenn mir des dann noch im Tetrapak anbiete oder als ramadan-verträgliches »Kirschwasser light«, da schunkelt doch die ganz Moschee. Oder: Statt Schnapspraline Kirschwasserolive. Und ich mein, ob da jetzt beim Zusammentreffe von Abendland und Morgenland irgendwelche ideologische Meinungsverschiedeheite auftauche, wichtig isch doch nur, was mittags aufem Tisch steht. Und wenn halt einer zum Abendmahl die Schlabbe ausziehe will, bitte! Da sind mir tolerant. Solang er beim Frühschoppe 's Kopftuch runterzieht.

Solang des alles nach Recht und Gesetz vor sich geht, geht mit uns fast alles. Was des Rechtswese angeht und die Gerichtsbarkeit, da sind mir in Baden führend. Karlsruh beherbergt die zwei höchsten Gerichte. Außerdem isch des die einzige deutsche Stadt, in der alle Zweige der Gerichtsbarkeit vertrete sind. Karlsruh isch somit die »Residenz des Rechts«. Daher auch der Ausspruch: Mir sind Recht. In Anlehnung an den Ausspruch: Mir sind Papst.

Jetzt sind mir Badener aber so arg Papst, dass fürs Recht kaum noch Platz bleibt, was zu großer Rechtsunsicherheit führt. Gleichzeitig sind unsere Amtsgerichte völlig mit Nachbarschaftsstreitigkeite überlastet. Grad im strukturschwache Raum herrscht daher a sehr archaisches Rechtsempfinde. Da wird auch mal bei kleinere Nachbarschaftskonflikte scharf g'schosse. Diese Gefechte finde meistens am Sonntag nach dem Gottesdienst statt, weil da die Leut Zeit habe zum Zugugge. Zu dene Schützenfeste komme bei schönem Wetter viele Schaulustige, weil es so viele Kulturangebote aufem Land net gibt. Die Polizei kann net viel mache. Der Schandarm will sich net einmische, weil er kennt beide Konfliktparteie vom Fußball, Stammtisch oder Gesangsverein. Bleibt also nur die Selbstjustiz.

Oder mar geht ins Internet. Stellt dort Fotos rein, wie der Nachbar in grenzwertige Unterhose im Liegestuhl liegt. Großaufnahme von seiner total verschnittene Buchsbaumheck errege auch viel Aufmerksamkeit.

Ich selber wohn in einem multireligiöse Vielvölkerhaus. Da kommt öfter mal die Scharia zur Anwendung. Sozusage im Namen von Scharia und Josef. Entführung von Haustieren, Sprengung von Briefkästen. Unvorstellbare Brutalität.

Die Frau Stotzinger bei uns im Haus hat an Babbegei g'habt. Der war net nur schwul, der hat auch immer, wenn jemand an der Wohnungstür vorbeigegange isch, lauthals g'rufe: »Taliban zieht Fliege an!« Und das habe einige moslemische Mitbewohner nicht verwunde, bis der arme Babbegei eines Tages in Form von Chicken McNugget im Hausflur g'lege isch.

Deutschland isch weltweit das zweitbeliebteste Zuwanderungsland. Jetzt guggsch dir bei uns im Haus die Klingelschilder an, na musch dich frage, warum mir net an erster Stelle steh'n.

Salihamitschitsch, Abasi, Üllküll, Kalküll, Stotzinger, Petrowski, Laskowski, Ossofski, Hemmerle und Lobinger.

Da pralle zwei völlig verschiedene Rechtsverständnisse aufeinander. Sag ich gestern zum Herrn Salihamitschitsch: »Herr Salihamitischitsch, ich glaub, Sie verwechseln Balkon mit Balkan. Ihr angestammtes mediterranes Lebensgefühl in Ehren, aber mir badischen Mitbewohner finde keine Nachtruhe mehr, seit Sie aufem Balkon Hühner halte. Mir sind extra vom Land in die Stadt gezoge, weil uns die dörfliche Idylle mit ihrem ständige Gegaggere auf de Sack gange isch. Und jetzt habe mir direkt vorem Schlafzimmer 24 mazedonische Legehenne, an Gockler im Stimmbruch und steh'n morgens um viere senkrecht im Bett.

Zu einer guten Nachbarschaft, Herr Salihamitschitsch, zu einer guten Nachbarschaft g'hört, dass, wemmer schon Hühner aufem Balkon hält, na fragt mar auch mal in der Nachbarschaft, ob einer Eier möcht. Mir täte zwar keine nemme, aber mir wolle g'fragt werde.«

Es gibt leider immer noch Mensche, die nicht wisse, dass ein Jahr net nur zwölf Monate hat, sondern auch 52 Kehrwoche. Ich sag oft, wenn sich jeder Mieter an die Hausordnung halte tät, bräuchte mir die zehn Gebote nicht.

Und was auch immer wieder g'sagt g'hört: In einer Leitkultur kann immer nur einer leide. Es könne ja auch net zwei gleichzeitig Auto fahre. Der eine lenkt, und die Frau schneidet Apfelstückle.

Du musch dich als Ausländer den einheimische Verhältnisse anpasse. Anderst geht's net. Wenn bei uns an Türk an g'mischte G'müs-Debbich-Bazar eröffnet, na braucht er sich nicht wundern, dass er hier als Ausländer abg'stempelt wird. Würd der Türk a China-Restaurant aufmache und Pizza anbiete, von mir aus auch Merguez oder an Pfälzer Saumage, in diese Imbissbude an Biergarten mit Stehcafé integriere und das Ganze »Gasthaus zum wilden Mann« nenne, ha komm, dann tät doch keiner an Türk dahinter vermute.

Es isch ja wirklich a großes Problem. Über 200 Millione Heimatlose weltweit. Menschen auf der Flucht. Viele kommen zu uns. Aus Flüchtling werde Neig'schmeckte. Die sind also nicht hiesig gebürtig, sondern flüchtig neig'schmeckt. Die eine sage neigschmeckt, die andere neidabbt.

Ich wills mal so sage: Mir nemme die Verfolgte mit offene Arme auf. Aber mir erwarte, dass sie sich hier aktiv integriere. Da wird dann g'fragt:

»Können Sie das fehlende Wort einfügen: Suppe, Hauptgang, ...?« Oder: »In Deutschland haben sich verschiedene Politiker öffentlich als homosexuell bekannt. Was halten Sie davon?« Da muss beispielsweis der Türk dann Stellung beziehe. Vermutlich sagt er: »Ja, ich halte das für richtig. Dann sind diese Schweine wenigstens unter Aufsicht.«

Und wenn dann nach drei landestypischen Tänzen aus dem deutschen Südwesten g'fragt wird, dann sollt mar halt schon sage könne: »Tango, Samba, Chachacha.«

Integration heißt ja auch, dass sich die Rasse vermische. Langfristig g'sehe. Isch net immer schlecht. Viele wolle keinen reinrassige Hund, lieber an Mischling. Also, auf Reinrassigkeit wird nicht mehr so an große Wert g'legt. Reinrassige Bühler gibts ja heut fast auch nicht mehr. Mir sind doch inzwischen fast alle durchmischt. Entweder du hasch als Bühler einen aus Altschweier mit drin, oder, wenns dumm lauft, einen aus Balzhofe.

Wie schnell mir selber zu Flüchtling werde könne, sieht mar ja bei unserem Gesundheitssystem. Dental-Migranten, die nach Ungarn flüchte. Enttäuschte Rheumatiker fliehe zu kroatische Thermal-Discounter. Schwärme Grauer Stare fliege Blind-Dates in bulgarische Garageklinike an. Im orthopädischen Dreieck Krakau–Sosnowitz–Ratibor falle ganze Heerschare von Senk- und Spreizfüß ein. Im Ärmelkanal isch jetzt ein Schlauchboot aufgebracht worde. An Bord zwölf durchg'weichte deutsche Urologe, die sich nach England verpisse wollte.

August

»Jesses, Frau Knopf, Sie sind ja ganz blau. Ich kenn Sie kaum noch mit Ihrem schicke Käppi und der blaue Kittelschürz. Dunnerlattl! Sie sind ja Ton in Ton mit Ihre Frühzwetschge. So könnte Sie als Stewardess bei der Lufthansa anfange.«

»Ja«, sagt sie, sie sei beime Kurs von der IHK g'wese. »Außenwirkung und Styling für Marktbeschicker.« Da hätte sich die ganze Marktfraue aus der Region aufpeppe lasse. Stylingberatung. »Jahreszeitliches Schminken im Kontext der jeweiligen Fruchtangebote.«

Ich sollt mich also net wundern, wenn sie sich dann im Herbst mit erdigem Ocker grundiere tät und mit Kürbisorange nachtöne. Sie müsst jetzt zwar statt um viere morgens schon um drei aufsteh'n, aber bei der Abrechnung am Abend tät mars merke. Des neue Styling sei verkaufsfördernd. Und ihr Mann hätt sie schon g'fragt, was denn los sei mit ihr. Sie tät nicht mehr nach Landwirtschaft schmecke, sondern nach Parfümerie.

Nix und ebbes

Noch hat uns der Sommer in seinen lauschigen Fängen. Wen es bis jetzt nicht in den Süden gezogen hat, der gönnt sich einen spätsommerlichen Nachschlag, haut sich an den Strand und ruft genüsslich aus: »Ich mach jetzt mal nix!« Hierbei liegen Absicht und Wirklichkeit weit auseinander, denn irgendetwas (»irgendebbes«) tut man ja immer. Atmen, verdauen, Nase bohren.

Besagter Ausrufer tut demnach eher »kaum ebbes«, also irgendwas zwischen »net viel« und »fast nix«. Aber dann doch immerhin »ebbes«. Sandburg bauen, Zeitung lesen, Simsen. Extrem Bedürftige in Sachen Erholungssuche rufen auch schon mal aus: »Ich mach jetzt mal überhaupt nix!« Sozusagen »nixer als wie nix«.

Selbstverständlich möchten wir diesen Sonnenanbeter in seiner Erholung nicht stören, könnten aber durchaus anmerken: »Ich mach

überhaupt net viel« oder »Ich mach fast net nix« käme einer wahrhaften Beschreibung seines Nichtstuns wesentlich näher.

Aktivurlauber hingegen machen »nie nix«. Wobei auch hier angemerkt werden muss, »nie nix« heißt, sie machen »net viel nix« beziehungsweise »fast nie nix«. Aktivurlauber machen »immer ebbes«. Frühsport, Wandern, Schwimmen, Radfahren.

Kinder hingegen machen »immer ebbes«, werden jedoch leider in ihrem aktiven Sein oft aufgefordert: »Jetzt geb endlich mal a Ruh! Jetz machsch mal nix!« Damit können Kinder »nix« anfangen, denn wer als Kind jemals »nix g'macht« hat, der weiß, wie schwer das ist. Aus dieser wenig kindgerechten Haltung heraus entwickeln Kinder Trotzreaktionen und machen dann »irgendebbes Dummes«, worauf die Eltern wütend von ihrer Strandmatte auffahren und brüllen: »Was hasch denn jetzt wieder g'macht?« Darauf antworten Kinder gerne: »Ich hab nix g'macht!«

Sommer bei uns

Während bei uns im sommerlich-mediterranen Bühl in den Gässchen und auf den Plätzen reges Treiben herrscht, platzt der Johannes aus allen Nähten. Der Bühler Johannesplatz(t).

Dort, wo an schwülwarmen Sommerabenden bei Salsa-Klängen halb Bühl und das Umland zum Schaulaufen anrückt, versuchen waghalsig beschürzte Landfrauen in Begleitung von durchgeschwitzten Polohemden irgendwo im Gedränge des kommunalen Showrooms ein Stehplätzchen zu finden, vielleicht gar ein kühlendes Getränk zu bestellen. Während hier in der Ebene der Sommernachtstraum geträumt wird, zeigt sich nur einige Kilometer östlich ein ganz anderes, sommerliches Ambiente.

Zwischen Wald und Reben, in stabiler Seitenlage lieblich eingebettet, herrscht eine gespenstische Stille im sonst so beschaulichen Bühlertal. Hier, wo ein archaischer Menschenschlag fernab aller Zivilisationskrankheiten im Einklang mit Mutter Natur und Vater Wein lebt, herrscht trügerische Ruhe. Sind die Straßen leer gefegt und die wenigen Meter Gehsteige hochgeklappt. Wir konstatieren jen-

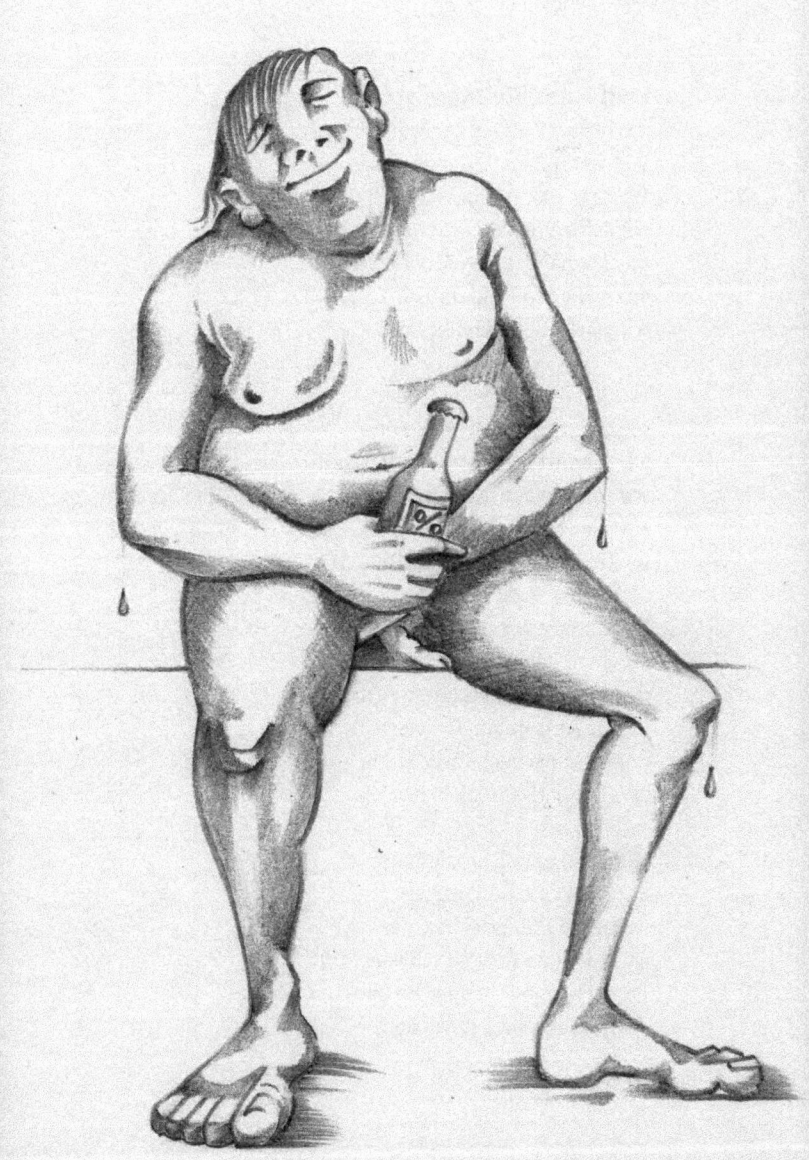

seits der sommerlichen Geruhsamkeit den morbiden Charme eines Goldgräberstädtchens.

Lied eines Weitgereisten

Wir war'n zum Surfen in Katar
War'n in der Wellness-Sansibar
wir sah'n Vulkane Feuer spucken
tauchten ab auf den Molukken
wir sah'n den Niagara-Fall
wir waren wirklich überall

Wir kennen alle Klimazonen
sogar die feuchten Amazonen
wir schnürten uns're Wanderschuh
wir suchten Einsamkeit und Ruh
auf allen stillen Jakobswegen
im Tross von zwölf Bürokollegen

Doch war'n wir nie in Bühlertal
möchten dahin ein einz'ges Mal
möchten die Bühlertäler seh'n
wie sie so stolz am Tresen steh'n
unser Wünschen, unser Streben
dies Bergvolk zu erleben

Nun sind wir da an diesem Ort
doch sind die Bühlertäler fort
wo ist die Bühlertälerin
nach der uns steht so sehr der Sinn
sie war versprochen im Prospekt
doch wo hat sie sich versteckt?

Wie kann das sein, so menschenleer
auf den Straßen kein Verkehr
das Schwimmbad zu, die Kneipe dicht
keiner, der mit uns mal spricht
man kanns nicht glauben, kanns nicht fassen
ganz Bühlertal total verlassen

Am Rathaus hängt mitten im Ort
ein Transparent: »Mir sin jetz fort!
mir habe g'nug von de Touriste
die sich ständig hier einniste
mir habe g'nug, mir habe Frust
wer uns sucht, mir sin in Rust!«

Lau

Wie lange mussten wir warten, bis diese in unseren Köpfen einge-
schweißte Vorstellung einer lauen Sommernacht Wirklichkeit wurde.
Eine Nacht, in der man mit spitzen Fingern das angeklebte Stöffchen
von der schweißtriefenden Haut zupft, zufrieden in der lauschigen
Gartenkneipe sitzt und dem Sommersalat ein entspanntes »Na also, es
geht doch!« zuflüstert.

Ein August wie frittiert am Tage und lau in der Nacht. Endlich hat
dieses schöne und leichte Wörtchen »lau« wieder Einklang in unseren
Wortschatz gefunden. »Lau«, dieses wohlig gemäßigte Warme, das genau Richtige, dieses »So muss es sein!«. Also genießen wir diese Nächte,
wenn sich das Leben auf den Gassen des Städtchens abspielt, irgendwo
zwischen provinziell träge und jugendlich hektisch. Nächte voll Sum-
men und Brummen überfallartig einfallender Insektenschwärme, von
PS-strotzenden und dezi-bellenden Russendiskos, deren physisch
wahrnehmbares Wummern die Minze unseres Sommerschorles zum
Absaufen bringt und die im Schein trüber Gaslaternen balzenden In-
sekten zum Absturz. Laue Winde tragen uns brat-, schweiß- und bier-
dunstige Schlieren zu. Und selbst die ruhelosen Stadtratten blinzeln
uns neckisch aus der Deckung müffelnder Mülltonnen zu, weil sie das

Leben in den lauen Nächten herrlich finden, da für jeden von Gottes Geschöpfen etwas abfällt. Nur die Sperrstunde bringt das nächtliche Getriebe zum Erliegen und es öffnen sich die Fenster, die Herzen und die Hosen, bis die Kühle der Nacht den lauen Schleier verweht.

Das Lied von der Zwetschge

Spricht man in meiner badischen Heimat vom »Blauen Wunder«, weiß jeder, was gemeint ist. Die Bühler Zwetschge, die wie keine andere Frucht die Menschen in ihren Bann zieht.

Die zaghafte, scheue Frühzwetschge reift
der Landmann vor Freude die Glieder versteift
ein wohliges Grunzen, dann zieht er ins Feld
wo in Ehrfurcht er die Frucht in den Händen hält
der Pfarrer vom Dorf zieht hinaus im Gewand
segnet mit Unmengen Zwetschgenbrand
die Körbe, die Karren, das ganze Getriebe
die Schrotflinten gegen die Zwetschgendiebe

Und sie steigen auf Leitern und dann wird gezupft
unter Einsatz des Lebens hoch oben gerupft
in Schalen, in Kisten, Containerzügen
heute nach Rom und morgen nach Rügen
ein badischer Bomber mit Zwetschgen an Bord
fliegt dreimal täglich zum Norwegerfjord
ein Wellnesshotel schwört auf Zwetschgen mit Zimt
falls die Pobacken faltig und schlabberig sind

Refrain | Jetzt tragen sie wieder die blauen Röcke
die Schüler, die Schaffner und die Ziegenböcke
Polizei ist blau und die Einkaufstüte
Liebestöter und Hochzeitshüte
badisches Land ist blau getüncht
wer schwarz oder weiß trägt, der wird gelyncht

Die neuste Sorte im Euro-Design
aerodynamisch und ganz ohne Stein
ausgestattet mit Wachstums-Genen
die sich bei Sonne von selbst ausdehnen
was im Labor auf Anhieb gelang
ist maßlose Größe im Überschwang
ein Meisterstück von großer Bravour
vollendet durch chemische Politur

Triefend und tropfend die Superlative
die späte Zwetschge mit Aromatiefe
süße Droge, die man einverleibt
weil sie trübe Gedanken und Missmut vertreibt
weil der klare Brand, dieser magische Saft
gerade bei Männern Unglaubliches schafft
so wird in der Küche schwarz destilliert
und wenn das Kuchenblech scheppert, wird am Herd kopuliert

Refrain | Jetzt tragen sie wieder die blauen Röcke
die Schüler, die Schaffner und die Ziegenböcke
Polizei ist blau und die Einkaufstüte
Liebestöter und Hochzeitshüte
badisches Land ist blau getüncht
wer schwarz oder weiß trägt, der wird gelyncht

Das ganze Land ist wie von Sinnen
keiner kann dem freudigen Treiben entrinnen
Betriebe feiern, die Schulen geschlossen
im Schützenverein wird mit Zwetschgen geschossen
überall Feste, man quetscht durchs Gedränge
aus Kirchen tönen Zwetschgengesänge
ein Minister aus Stuttgart ist auch eingeladen
der Landrat und auch der König von Baden

Doch kommt dann der Herbst, kommen Schwermut und Leid,
und im Winter tiefe Benommenheit
die Menschen sind blutleer, gehen lethargisch dahin
so macht das Leben überhaupt keinen Sinn
doch wenn im Frühling die Knospe aufbricht
hat das Warten ein Ende und es wird wieder Licht
dann ziehen die Bad'ner hinaus zu den Bäumen
mit geschlossenen Augen sieht man sie träumen

Refrain | Jetzt tragen sie wieder die blauen Röcke
die Schüler, die Schaffner und die Ziegenböcke
Polizei ist blau und die Einkaufstüte
Liebestöter und Hochzeitshüte
badisches Land ist blau getüncht
wer schwarz oder weiß trägt, der wird gelyncht

»Viel trinken!«

Noch liegen die Eisbeutel griffbereit in den Kühlfächern. Ebenso die feuchtkühlen Lappen, die uns die gegerbten Häute salbten. All das kühlende Gewebe, das uns die sommerlichen Blessuren dieser ersten Hundstage linderte. Endlich vorbei, dieser völlig überzogene und lautstarke Sommer, der uns mal wieder an unsere Grenzen herantranspirierte. Verbal aufgerüstet standen wir dieser Affenhitze entgegen, lasen von »Saharahitze« in der Lokalpresse, vom »Kongo-Hoch«, »Tunesischer Schmorattacke« und »Marokkofieber«.

Viele von uns verschanzten sich in den Kerngehäusen ihrer Wohnburgen und Doppelhauskartonagen, meist in den kühlen Kellern oder in extern ausgehobenen Kühlgruben der Vorgärten. Man verhielt sich entsprechend den Ratgebern in allen Medien bis hin zu den ministeriellen Anweisungen, die, nun ja, das hat nun wirklich keiner wissen können, immer wieder darauf hingewiesen haben: »Viel trinken!« Und endlich lasen wir in allen Werbegazetten von den vorbeugenden Maßnahmen gegen den Sommer, die unter dem Leitthema standen: «Viel trinken!«

Nun wissen wir, wie der Affenhitze Paroli zu bieten ist, dem Hitzschlag, dem Hitzekrampf, der Sonnenallergie, dem Sonnenbrand und dem Marokkofieber. »Viel trinken!«

Aber hat das nicht schon Oma Gretel vor 100 Jahren gesagt? Nun ja. Mit irgendetwas müssen die schlaffen Schreibkräfte ja das Sommerloch zuschreiben. Und wenn es nur Omas Weisheiten sind.

September

»Huhu!«, ruft mir die Frau Knopf schon von Weitem entgege. Also ruf ich auch »Huhu«, denn für a »Grüß Gott« bin ich net fromm g'nug. »Gutemorge« könnte ich auch sage, aber des klingt hölzern. Und da ich jetzt schon seit 30 Jahr zum G'müsstand von der Frau Knopf komm, isch an hölzerner Gruß nicht angebracht. »Gutemorge« sag ich dann eher aufem Finanzamt. »Salü« könnt ich auch sage, aber des isch mir dann fast zu intim. »Salü« sag ich zu meine Freunde.

Gar nix sage geht überhaupt nicht, weil dann denkt die Frau Knopf, ich sei an Schwab. Der Schwab sagt erst mal gar nix bei der Begegnung. Er wartet ab, ob sein Gegenüber in Vorleistung geht. Vielleicht muss er ja überhaupt nix in diese Begegnung investiere.

Ich sag also »Huhu« zu meiner Frau Knopf, und somit fühle mir zwei uns begrüßt. »Huhu« isch politisch, religiös und ethisch neutral, generationenübergreifend und über mehrere Kilometer wahrnehmbar. Und dann wird dieses »Huhu« mehr g'sunge als wie g'sproche, und a Lied zur Begrüßung isch ja immer was Schönes.

Heut nemm ich Brokkoli mit, Zwieble, Knoblauch, Gelbe Rübe, Lauch und Zwetschge. Ich will nämlich am Wocheend an Zwetschgekuche backe.

Altschweirer Zwetschgekuche

Zuerst ruf ich auf der Ortsverwaltung in Altschweier an, ob alles vorbereitet isch für den diesjährige Ortsteilkuche. Danach fahr ich mit Auto und Anhänger die Bühler Seite nauf zur Ortsverwaltung. Hinte drin eine Tonne Bühler Spätzwetschge.

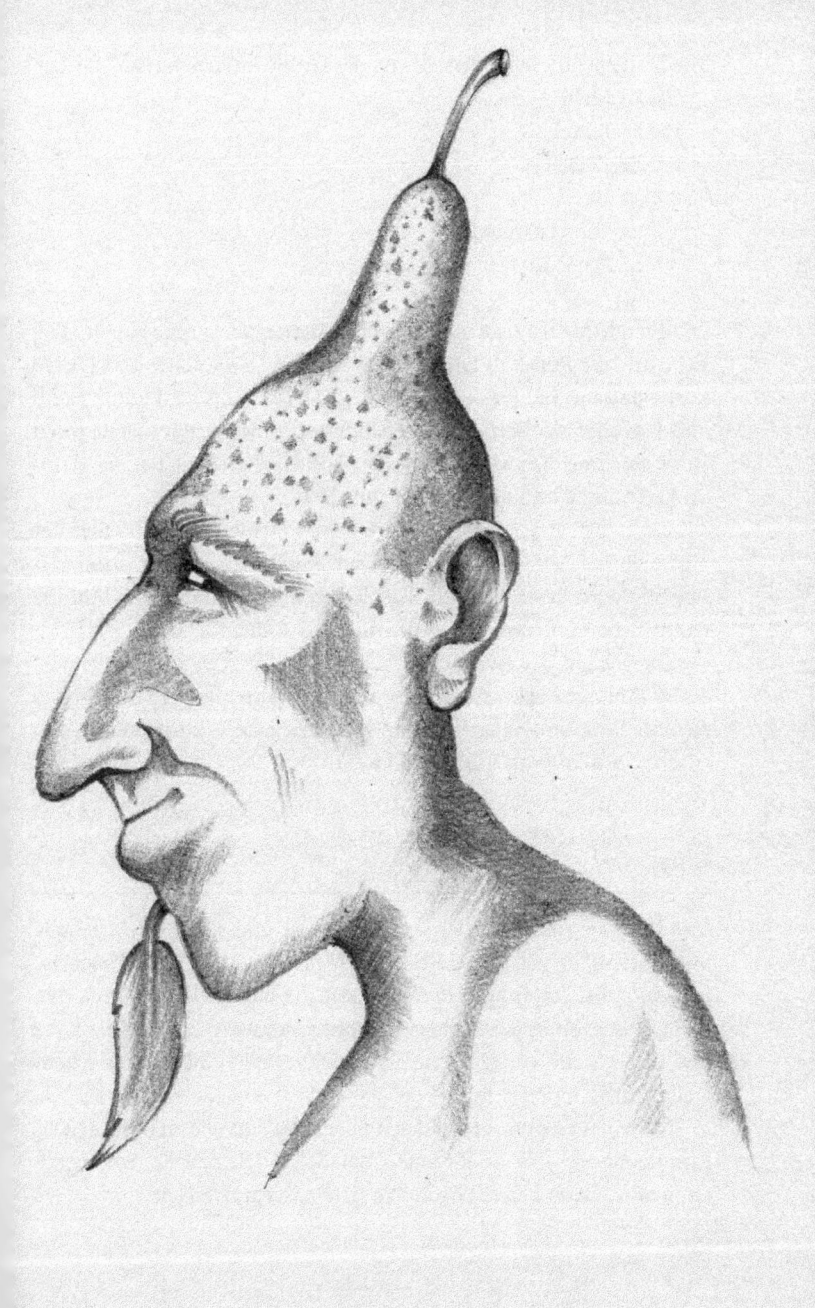

Mir brauche für einen Ortsteil von der Größe Altschweiers:

300 kg Mehl

200 kg Butter

100 kg Zucker

500 Eier

1 Tonne Zwetschge

12 Schubkarre Hagelzucker

Das g'samte Mehl auf an ortseigene Parkplatz oder a große Hofeinfahrt siebe und die Butter in Flocke drauf verteile. Den Zucker übers Mehl streue und die 500 Eier in die Mitte gebe. Mit möglichst kühle Händ und Füß aller zur Verfügung stehender Altschweirer die Zutate rasch zume geschmeidige Mürbeteig trete. Anschließend den Teig in Alufolie zwei Stunde im Rathauskeller ruhe lasse.

Zwetschge wasche, entsteine und einschneide. Den Heizkeller der Turnhalle auf 220 Grad vorheize. Den Teig mit Hilfe einer ortsansässige Straßebaufirma auf Industriebleche ausrolle und unter Mithilfe der örtliche Kindergartenkinder belege. (Rosettenförmig!)

Danach auf der zweite Schiebleiste vom Heizkeller den Kuche 20 bis 30 Minuten backe. Anschließend aufem Altschweirer Fußballplatz abkühle lasse und aufesse, bevor a südwestliche Windströmung den frische Kucheduft nach Bühlertal weht.

Glüschde

Mir Badener sind wahrlich extrem robust und resistent. Mir habe uns über 4000 Jahr gege Rebläus, Wühlmäus, saure Niederschläg, Schädlingsbekämpfungsmittel und gege die Einverleibung durch den »schwäbisch-imperialistischen Komplex« behaupte könne. Mir habe uns nie zwische evangelischem Missionarseifer und französischem Kolonialtrieb aufreibe lasse. Nie!

Nur eines plagt uns bereits seit über 4000 Jahr wie an böser Fluch. Mir nenne es: Das Sodbrennen der Seele. Ich schreib von unsre Glüschde. Dieser bei uns b'sonders stark ausgeprägte Gier.

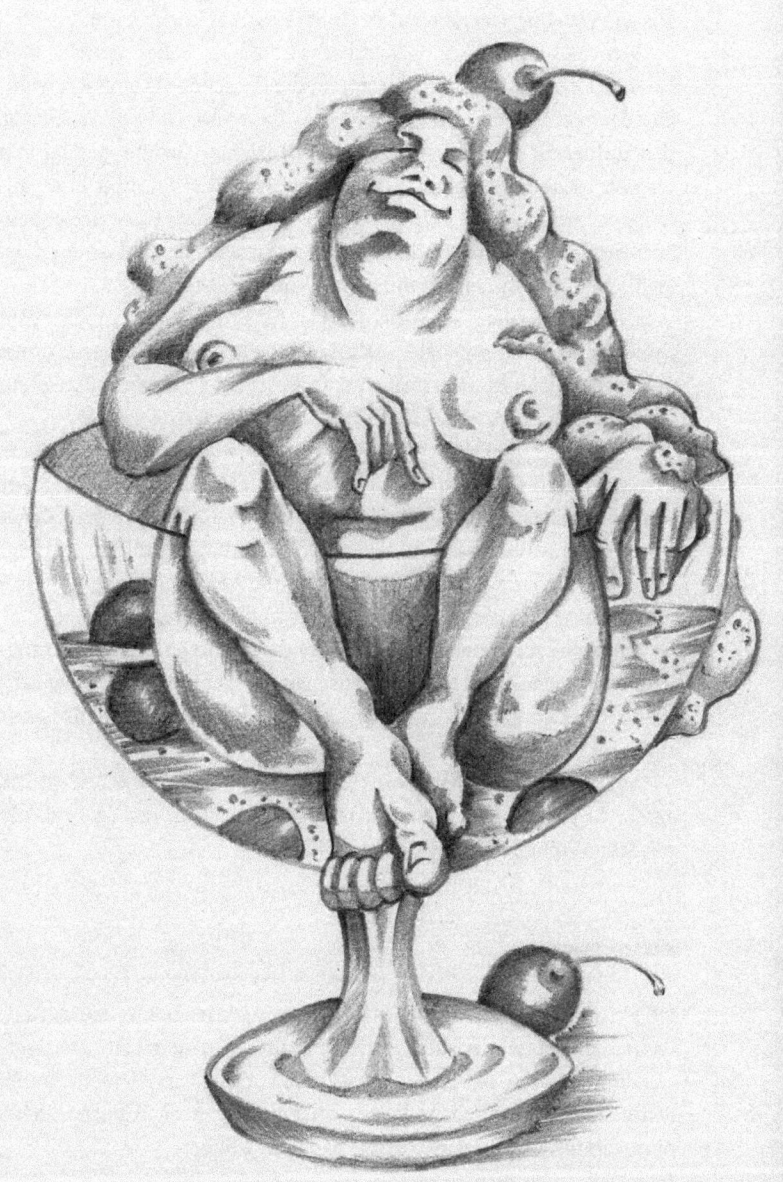

Dieses zwanghafte Verlange isch deswege so verbreitet, weil es bei uns so saumäßig viel gibt, auf des mar Glüschde kriege kann.

Der badische Psychoanalytiker Friedhelm Faller spricht vom Über-Ich des Hungers und beschreibt die Glüschde als eine Art wohltuender Schmerz und als die Libido des Gaumens. Glüschde schleiche sich unmerklich ein, beginne mit einer leichte Unruhe, gefolgt von vermehrter Speichelproduktion, ziellosem Umherirre und intervallartige Schweißausbrüch. Inzwischen weiß mar, dass diese Seelenpein im Sommer ihren Höhepunkt hat. Und mar weiß auch, dass es an ursächlichen Zusammehang mit unsre Frühzwetschge gibt.

Schon wenn die erste Rotfärbung an der Frucht auftritt, melde psychologische Beratungsstelle, Seelsorgeeinheite und Hausärzte regional unterschiedliche Massenanstürme. Grad in der Ortenau müsse dann die psychotherapeutische Praxe Sonderschichte einlege.

Kittelschürzige Hauszwetschge hirsche wie von fremde Mächt g'steuert durch die Küch und prüfe den Materialbestand. Blechschäde werde ausgebessert, Jahresinspektione von Wellhölzer verschiedener Breite durchg'führt. Immer wieder wird der Umgang mit dieser Teigwalze geübt, denn das Führe von so große Walze erfordert G'schick und Routine, um die großflächige Flade millimeterfein zu walze.

Entsteine muss beizeite organisiert werde. Generationenübergreifend wird entsteint, die Großelternschaft in Nachtschichte ang'heuert. Wer eh net schlafe kann, kann seine altersbedingte Schlaflosigkeit auch mit Entsteine verbringe.

Seit Friedhelm Faller diese fremde Macht aus unsere Seelegründ ans Licht gezerrt hat, wisse mir wenigstens, warum mir so sind, wie mir sind. Von Glüschde g'steuerte Wese.

Ausmiste

Ich weiß ja net, liebe Leser, wies Euch geht. Aber ich bin so strukturiert, dass ich im September anfang, wieder Ordnung in mein Lebe zu bringe.

Pünktlich am 23. September steh ich vor meinem Kleiderschrank. Dann heißt es: Winterpullober von hinte links nach vorne rechts räume. Badhose von vorne rechts nach hinte links.

Badschlabbe im Schuhregal von vorne links nach hinte rechts und die Moonboots von hinte rechts nach vorne links räume. Sommerreife vorne rechts runter und im nächste Frühling wieder hinte links drauf.

Immer diagonal kreuzweis verquer räume. Alles was vorne war, letztrum verdreht nach hinte räume, beziehungsweise überkreuz verquer austausche.

Nie parallele Struktur. Nie! Immer kreuzweis verquer. Ich hab einmal im Herbst die Badkapp von vorne rechts nach hinte rechts g'räumt und schon bin ich im drauf folgende Frühling bei 20 Grad Wärme mit der Bollekapp rumg'rannt. Deswege immer die Klamotte diagonal kreuzweis verquer anordne.

Moonboots und Badschlabbe bitte immer paarweis diagonal kreuzweis verquer verräume. Also nicht wie beim Reifewechsel einzeln diagonal kreuzweis verquer, sondern paarweis, sonst hasch im Frühling am eine Fuß de Badschlabbe und am andere de Winterreife.

Voraussetzung für a g'scheite Ordnung im Kleiderschrank isch allerdings, dass mar sich mal ans Ausmiste macht, selbst wenn mar an some alte Kiddl arg hängt.

Der duts noch

Ein jeder trägt sein Päckel, auf ganz verschied'ne Weise
mein Problem, des isch, ich kann halt nix wegschmeiße
ich hab des ja versucht, ich hab mich auch gezwunge
doch beim beschte Wille isches mir leider nicht gelunge

Ich bin von meinem Wesen a Seele, die sehr treu
des Ding kann noch so alt sein, für mich, da isches neu

Refrain | Jaja des duts noch, jaja des duts noch, jaja des duts
noch ziemlich lang

Ich liebe die Bewegung, am liebsten fahr ich Rad
des hab ich mir gekauft, im Antiquariat
naja, die Bremse tun halt quietsche und a Schaltung hat es nicht
hätt der Bock a Schutzblech, na hätt er auch a Licht

Ich bin von meinem Wesen a Seele, die sehr treu
der Bock kann noch so alt sein, für mich, da isch er neu

Refrain | Jaja der duts noch, jaja der duts noch, jaja der duts
noch ziemlich lang

Mei Auto isch veraltet, und der Sprit, der isch verbleit
mit 18 Liter fahr ich 100 Kilometer weit
ich muss ja auch weit fahre, und da brauch ich viele Stunde
ich muss ja jede Umweltzone weitläufig umrunde

Ich bin von meinem Wesen a Seele, die sehr treu
für andre kann es alt sein, für mich, da isches neu

Refrain | Jaja des duts noch, jaja des duts noch, jaja des duts
noch ziemlich lang

Mei Traudl isch net einfach, wie soll ich des jetzt sage
ihr kennes alle selber, manchmal platzt dir halt der Krage
ich hab schon überlegt, mich nochmal zu liiere
oder ganz alleine in die Südsee emigriere

Doch bin ich von mei'm Wesen a Seele, die sehr treu
die Frau kann noch so alt sein, für mich, da isch sie neu

Refrain | Jaja die duts noch, jaja die duts noch, jaja die duts
noch ziemlich lang

Jetzt war ich grad beim Doktor, mit em Knie hab ich Maleschte
der soll mich untersuche, der soll des Knie mal teschte
der Doktor meint, er müsst mich sofort operiere
doch mei Krankekass will keinesfalls den Vorgang finanziere

Wir sind von unserm Wesen Seelen, die sehr treu
Ihr Knie kann noch so alt sein, für uns, da ist es neu

Refrain | Jaja des duts noch, jaja des duts noch, jaja des duts
        noch ziemlich lang

Jetzt freu ich mich auf d'Rente, hab ja immer einbezahlt
hab mir meinen Ruhestand schon herrlich ausgemalt
doch da les ich in der Zeitung, die Rente wird verschobe
die Regierung hat das Rentenalter deutlich angehobe

Wir sind von unserm Wesen Seelen, die sehr treu
Sie sind ein alter Knattel, doch für uns, da sind Sie neu

Refrain | Jaja Sie tuns noch, jaja Sie tuns noch, jaja Sie tuns
        noch ziemlich lang

Saugen

Im Herbst bilde sich innerhalb der Kleingärtner und Hausbesit-
zer zwei Gruppierunge. Die Laubbläser und die Laubsauger. Da
hat jeder so seine Vorliebe. Die eine blase lieber, die andere sauge
lieber.

Jetzt weiß mar aus der psychologische Fachliteratur, der Sauger
isch von seiner Struktur, von seinem Wese eher fordernd, verein-
nahmend, zwanghaft. Da wird des Laub net achtlos auf de Kompost
g'schmisse. Des wird Blatt für Blatt aus em Laubsack g'nomme, einzeln
g'locht, abg'heftet und archiviert.

Des würd der Bläser nie mache. Der Bläser isch von seinem Wesen verschwenderisch, maßlos und rücksichtslos. Wenn der grad kein

Laub vor seinem Rohr hat, dann wird auch mal einer Passantin die Perück vom Kopf g'schosse.

Jetzt hat mar also die beide Type. Sauger und Bläser. Und jetzt kamer festhalte: Der Badener isch von seinem Wesen eindeutig der Sauger. Er saugt lieber.

A badisches Bobbele kommt auf die Welt und hat Durst. Na wird erst mal g'nuckelt. Also g'saugt. Zuerst Muttermilch, dann Kaba, später Sinalco, noch später Tannezäpfle und dann Glühwein. Beim erste Glühwein lebt er dann so richtig auf, der badische Sauger: »Mmh! Des isch aber gut. Wenn mar des jetzt kalt trinke tät und den Zimt weglasse ...«

So isches zum An- und Ausbau der legendären badischen Kaltweine gekomme. Spätburgunder, Riesling, Müller-Thurgau, Gutedel. Inzwische gibts ganz neue Sorte. Kabernee, Sofinjo oder Kartonasch.

Unser Kartonasch isch derzeit der Renner. Des isch an Pfefferriesling im Hartschalekoffer, also an fünf Liter Babbedeggel-Boxbeutel, den du je nach Geschmacksvorliebe mit einer Kiwi-Kopfnote bekomme kannsch oder als Granatapfel-Spinat-Cuvée. Von Ananas über Hibiskus bis hin zu Veilchen findesch du inzwische alle Geschmacksnote.

Trotz größter Anstrengung isches allerdings unsere Winzergenosseschafte noch nicht gelunge, an Wein auszubaue, der nach Traube schmeckt.

Manchmal trinke mir auch Weine aus ferne Regione. Chile, Südafrika, Spanien, Remstal. Aus dem Remstal kommt der Trollinger. Des isch ein kollektives Beruhigungsmittel, das fast ausschließlich im Württembergische ... getrunke kamer jetzt net sage, das im württembergische Weinanbaugebiet eing'nomme wird. Es isch a rote Rebsort mit selten über 180 Gramm Eigezucker. Also kein Wein im eigentliche Sinn, weil des Getränk mit 7 bis 10 Gramm Säure pro Liter unters Betäubungsmittelgesetz fällt. Mit einem Mostgewicht von 75 Grad Öchsle isch er allein nicht überlebensfähig und muss mit dem unter ähnlich schwierige Bedingunge aufg'wachsene Lemberger verkuppelt werde. Und der wird in Baden als auch in Württemberg g'schlotzt. Und schlotze isch ein ziehender Vorgang und zählt physikalisch g'sehe zur Kategorie »saugen«.

Mar kann also sehe, Badener und Schwabe habe, auch wenns keiner glaubt, Gemeinsamkeite.

Badischer Herbst

Wenn irgendwo in Baden
die Kartoffelsuppe köchelt
sitzt garantiert ein Badner drin
und blubbert, plantscht und röchelt
du kannst ihn mit der Haute Cuisine
versuchen rauszulocken
doch wenns ein echter Badner ist
bleibt er im Topfe hocken

Im Herbst, da kennt der Badner
die Badnerin nicht wieder
da trägt sie Hocherotisches
herbstfarbenes Mieder
und drüber muss es auch
was ganz Spezielles sein
eine schmucke Küchenschürze
im Allerheiligen-Design

Refrain | Das gibt es nur in Baden, Baden, Baden …

Im Herbst, da nimmt der Badner
den Glauben wieder an
er kniet in seinen Reben
und betet wie im Wahn
wie ein tibetischer Schamane
wirft er sich zur Erde
damit aus seinem Sauerampfer
Grauburgunder werde

Man feiert hier in Baden
die Feste, wie sie kommen
bei einem Meter Neuschnee
wird der Rebenhang erklommen

der Rebstock wird mit Kerzen
und Lametta dekoriert
und bei 15 Minusgraden
der Glühwein inhaliert

Refrain | Das gibt es nur in Baden, Baden, Baden …

Im Herbst, da wird er sportlich
doch beim Schwimmen geht er unter
beim Federball, da trifft er nicht
beim Reiten fällt er runter
beim Fußball müsst er rennen
doch beim Rennen kriegt er Gicht
ja, dann fegt er halt den Gehweg
mehr Sport verträgt er nicht

Im Herbst, da stirbt der Badner
da will er ewig ruh'n
deshalb hat der Pfarrer auch
im Spätjahr viel zu tun
ja, wie soll der greise Badner
den Herbst auch überleben
wenn das Personal vom Altenheim
seit Wochen in den Reben

Refrain | Das gibt es nur in Baden, Baden, Baden …

Oktober

Noch einmal biegen sich die Dielen auf den hölzernen Böcken unter der Last von Feldfrucht und Obsternte. Der Oktober holt aus mit großem Schwung und wirft, was noch Saft und Kraft in sich trägt, in die Körbe und Kisten. Eine große Zeit, die uns nährt und füttert, die Lenden polstert und die Wangen rötet, bevor wir Pelze über unsere dünnen Häute werfen, damit die Freude, die Hoffnung und das Durchhalten den Winter über in uns verbleiben.

Jesses, war des a Einleitung. Des kann ja gut werde im Oktober. Wenn ich so weiterschreib, wird wohl der nächste Literaturpreis nach Bühl vergebe. An Preis für die attraktivste Marktfrau und den originellste Marktstand gibt es dagege nicht. Noch nicht. Auch keine »Miss Wochenmarkt«, obwohl ich da schon meine Wahl getroffe hätt.

Ich also wie jeden Samstag mit meinem Einkaufskorb, es hat grad Siebene g'schlage, rüber zum Wochemarkt. Es isch noch dunkel. Ich bin grad erst aufg'stande und noch weich in de Knie. Alle Marktleut dabbe noch verschlafe um ihre Obstkiste und Marktständ rum, nur die Frau Knopf steht hinter ihre leuchtende Hokkaidokürbis und strahlt, denn wie angekündigt hat sie die Herbstgrundierung aufg'legt. Im G'sichtsfeld erdiges Ocker und drüber, um mit ihre Kürbis zu korrespondiere, orange-rouge (badisch: orahsch-ruhsch).

Für die Bollekapp isches noch zu warm, also hat sie an brauner Schal um de Kopf gebunde. Mar könnt meine, es isch arabische Nacht. Der rote Pullober isch a bissele arg knallig, und die maisgelbe Kittelschürz mit rote Seitestreife sieht aus wie die badisch Fahn. Also vom Design an Kracher. An Moment lang denk ich: Oha!, unsere Modehäuser könnte sich Anregunge hole für die Schaufenstergestaltung.

Grad habe mir uns mit »Huhu« begrüßt, na fangt sie an zu singe, die Frau Knopf. Ja was isch denn jetzt los, denk ich. Jetzt zieht sie alle Register. Die ganze Marktkollege, die am Aufbaue und Einrichte sind, lasse alles steh'n und liege, gugge zum Stand von der Frau Knopf, wie die da hinter ihre Kürbis, hinter Kiste mit Feldsalat, Äpfel, Birne und sonstigem G'müs steht und ihr Urloffer Meerrettichlied singt.

Der Nachbar vom Blumestand, der Türk, singt gleich mit. Auf Türkisch. Jesses, isch des a Szene. Grad wolle die zwei zum Refrain ansetze, da kracht die thailändische Frühlingsrolleverkäuferin ausem Elsass mit ihrem Lieferwägele auf die Glasvitrin vom Banaterhof und die ganze Suppehühner liege am Bode. Jesses, was für ein Durchenander. Stoff g'nug für meine nächste Zeitungskolumne.

Ich nemm heut 200 Gramm vom erste Feldsalat, wie immer Gelbe Rübe, Lauch, Zwieble und ... ja doch, heutmorge leg ich meine Meerrettich-Aversion ab und kauf einer von dene scharfe Knoche, a Gugg voll Kartoffel und eing'legte, süßsaure Kürbis.

Es isch a königliche Zeit. Die Erdbeer-, Himbeer- und Stachelbeerköniginne sind inzwische müd vom viele Regiere, und die Zwetschgekönigin macht Wellnessurlaub vom Feststress. Jetzt folgt die Inthronisierung von Wein-, Kürbis- und Kartoffelkönigin.

Des sind bei uns die politische Schwergewichte, die aus dem Hintergrund heraus sage, wos langgeht. Es isch ja so, dass inzwische ganze Landstriche unter der Fuchtel von Weinköniginne stehe. Es wird doch kei Schul, kei Sporthall, kei Kläranlage mehr gebaut ohne den Segen der Weinkönigin. Was in Afghanistan die Warlords sind, also vom Einfluss her g'sehe, das sind bei uns die Weinköniginne. Die heimliche Regente.

Und was isch Regent? A rote Rebsort die gege Mehltau resistent isch. Und jetzt frag ich dich, welcher Landrat kann von sich behaupte, dass er gege Mehltau resistent isch?

Wenn sich bei uns im Bühler Industriegebiet an Weltkonzern ansiedle will, ja wen fragt diese Firma um die Baugenehmigung? Unsern Bürgermeister? Den Vorstand vom Obst- und Gartebauverein?

Falsch! Die Zwetschgekönigin. Und wenn bloß an einziger Zwetschgebaum auf dem Baugelände steht, und wenns noch so an alter Storzel isch, na läuft da gar nix.

Anderes Beispiel aus der Ortenau. Kein Politiker hat es bisher g'schafft, hinter dem Rücke der Zollfahndung, die Millionen Liter Kirschwasser an die Drogenumschlagplätze der Welt zu verschiffe. Keiner. Immer sind zehntausende von Liter vorher verschwunde. In dunkle Kanäl, beziehungsweise dunkle Kehle. Nur a einzige politische Kraft hat es g'schafft, die ganze Welt mit Kirschwasser zu segne:

Ihre Hoheit, Monika die Erste, Schattemorell und Kirschkönigin von Mösbach.

Wenn Lambrusca die Erste, Glühweinkönigin vom Weihnachtsmarkt, keinen Bock hat, Weihnachte zu feiern, dann fällt Heilig Abend halt ins Wasser. Was ich damit sage will: Hinter jedem starke Mann steht a noch stärkere Frau. Und hinter jedem badischen Politiker steht a noch stärkere badische Weinkönigin.

65 plus

Es isch ja net verwunderlich, dass mar im März weniger übers Alter nachdenkt als wie im Oktober. Mar isch ja schließlich siebe Monat älter. Vor hundert Jahr ware des ganz andere Gedanke zum Alter, die einem so durch de Kopf gange sind. Heut denksch mit 70 auch nochemal drüber nach, eventuell neue Winterreife zu kaufe. Früher hättsch g'sagt: »Komm, die alte Schlabbe tuns noch, bis ich de Führerschein abgeb!«

Die Alte von heute sind nicht mehr die Alte von früher. Heut isch mar früher jung und später alt. Mar könnt auch sage: Früher heiß und später kalt. Ich mein, wenn du so lang jung bisch wie die Alte von heut, dann hasch ja gar kei Zeit mehr alt zu werde.

Diese Seniorinne und Seniore von heut bezeichne sich gern als »Berufsjugendliche 65 plus«. In der Werbung spricht mar von der »Generation 65 light«. Die Wissenschaft nennt diese Lebensphase »Pubertäre Demenz«. So a Kombination aus flügge und Krücke. Aus Hörgerät und Smartphone.

Ich bin ja viel im ländliche Raum unterwegs mit meinem Kabarett. Und da findesch du im letzte Kaff diese »Ü65-Partys« von SWR4. Der Wahnsinn, wie se da ausflippe beim »Afterwork-Senioren-Tanztee«. Da hasch locker 8000–10 000 Jahre senile Hüpfmasse auf der Tanzfläche.

Das hat jedoch unser Herrgott so net geplant. Der hat g'sagt: Jeder wird alt. Jeder! Ohne Ausnahm. Jeder von uns macht irgendwann Platz für die Junge.

Aber dene »Berufsjugendlichen 65 plus« isch des völlig egal, was unser Herrgott da geplant hat. Die mache kein Platz. Und aus diesem

Konflikt heraus kommt es zu Spannunge, Reibereie, bis hin zu Gewalt. Die Junge schiebe, die Alte bocke. Blockiere den Generationevertrag.

Ich erleb des allabendlich bei meine Gastspiele. So gut wie keine Frustrationstoleranz. Die könne ums Verrecke net abwarte. »Wann kommt jetzt die Pointe?« Dann kommt se und sie höres net. Und wenn ses höre, dann glaube ses net. Altersstarrsinn in Tateinheit mit seniler Rechthaberei.

Wenn ich von alle »Berufsjugendlichen 65 plus« zehn rauszieh, dann sag ich dir: Einer isch bewaffnet, zwei sind pervers und drei hocke in irgendeinem Gemeinderat.

Wundert mich nicht, dass der Ruf nach härtere Strafe für gewaltbereite »Berufsjugendliche 65 plus« laut wird. Betäubungsspritze aus Luftgewehre sind in der Diskussion. Rentekürzung find ich persönlich mehr abschreckend. Oder dann halt ganz brutal: Fernsehverbot ab 20 Uhr.

Forever Young

Es isch an bekannter Popsong ausem Radio. Ich glaub, die deutsche Band »Alphaville« hat ihn g'sunge. Mar kann als Leser gern den Refrain mitsinge.

Die Junge sind morgens am Muffle und Gähne
ich bin am Stretche, am Beuge und Dehne
tu jeden Muskel einzeln trainiere
die Knorpel schön mit Melkfett schmiere
Sofa und Sessel könne mich net locke
Montag und Mittwoch Senioren-Jogge

Bloß net kneife, bloß net schone
jede Woch zwei Triathlone
einhändig 20 Klimmzüg klimme
im Schwimmbad 20 Bahne schwimme
vom Zehner ohne mich zu zwinge
ohne Patienteverfügung springe

Refrain | Forever young, I want to be forever young
Do you really want to live forever, forever and ever?
Forever young, I want to be forever young
Do you really want to live forever? Forever young

Mar darf niemals den Trend verpenne
im Alter musch den Zeitgeist kenne
bin runderneuert und blondiert
bei H&M jetzt registriert
mich siehsch du net im Bett vergrabe
du siehsch mich in die Disco trabe

Im Alter muss mar Würde bewahre
muss auch mit 90 Auto fahre
ich seh zwar net viel, doch ich kenn ja die Rout
was an Übersicht fehlt, gleich ich aus mit Mut
solang sich die Punkte in Flensburg vermehre
endet auch nicht meine Autokarriere

Refrain | Forever Young …

Mar darf niemals den Anschluss verliere
gleichzeitig surfe und telefoniere
auf alle Medie, in alle Gazette
bin ich am Surfe, am Mause und Chatte
einmal an meinem Computer geklickt
schon wieder 500 Vire verschickt

Als junger Alter hasch beste Karte
am Kinderkarussell musch niemals warte
kannsch alles versaufe, kannsch rauche und hasche
Geldbeutel klaue und Damehandtasche
kein Knast will dich habe, du bisch einerlei
für dein Alter isch der Knast nicht barrierefrei

Refrain | Forever Young …

———

Die Fluggastzahlen am badischen Airpark steigen gegenläufig der sinkenden Temperaturen bei uns in der Region. Der badische Permafrost der Wintersaison beschert der fliegenden Zunft eine satte Befüllung der Sonnenbomber und somit ein ordentliches Plus der Fluggastzahlen. Das Flattern der Charterflüge ist an Heftigkeit kaum zu überbieten. Und Hand aufs Portemonnaie: Wer von uns Hiesigen, den lichtsüchtigen und jammernden badischen Fröstlingen, verbringt denn nicht ein paar Wochen auf Gran Canaria, Bari, Faro oder anderen Eiländern.

Die jungen Familien auf den Kanarischen Alete-Inseln, die Ballermänner samt blasshäutigen Gattinnen auf den karibischen Sandalen und die mit ordentlichen Pensionen gefütterten badischen Graureiher in irgendeiner Brutkolonie der Costa Geriatres, im sonnigen Süden der Malagastritis, den Bergen der Diabetis Sierra Nevada, den sumpfigen Senken der Prosecco Prostata oder den steilen Küsten der Sangria Rheumatismo.

Hauptsache fort. Der Angebote sind es viele, der Reiseziele noch mehr. Die touristischen Superschnäppchen schnappen sich gegenseitig die Kundschaft weg. Irgendwann hat jeder genug von Winterblues, kalten Füßen und steigenden Heizkosten.

Packen wir es an und packen zusammen. Wer heute die Koffer schließt, kann sie bereits gestern schon an irgendeinem sonnigen Ort der Welt öffnen. Und wenn eben der Frühling nicht zu uns kommt, dann kommen wir zu ihm.

Senioreteller

Irgendwie musch im Alter zurechtkomme. Irgendwie musch über die alltägliche Hürde drüberhopse. Du hasch ja net nur des Problem mit deinem Alter. Du hasch auch zusätzlich noch die Probleme, die die Junge auch habe.

Warmes Bier, verpinkelte Klobrille, Heckezecke, Hühnerauge, Telefonrechnunge, Kleidermotte, Marderbisse, Schimmelpilze, rote Ampeln, Schwiegermütter, Landrege, Gegewind ... Und dann noch die Altersproblematik.

Beispiel: Du gehsch mit deiner Traudl esse. Sagt die Bedienung: »Mir habe heut als Tagesgericht Seniorengeschnetzeltes im Rentnertöpfle!«

Ganz ruhig bleibe. Tief Luft hole. Des musch erst mal verdaue. Ich hab gedacht, Apartheid sei abg'schafft. Hab ich etwa a Trinkschnitzel in der Schnabeltass b'stellt?

Jetzt heißt es: Kreativ denke, zahnlos zubeiße und mit em Krückstock draufhaue. Muss mar sich denn da wundere, dass mir alte Knacker renitent werde, gewalttätig? Dass mir Widerstand leiste in der Legion Doppelherz?

Wasserwerfer von der Polizei könne zum Glück nix ausrichte. Am Gefieder von uns Graureiher perlt jeder Tropfe Wasser ab. Uns kannsch du mit Megaphone anbrülle und zum Rückzug auffordern. Nix. Mir schalte die Hörgeräte ab und stürme los.

Was hat denn so an 90-jähriger Knacker noch zu verliere. Der kann doch locker fünf Jahre Knast wege Landfriedensbruch in Kauf nehme. Der kommt nach zwei Woche wieder raus, weil der Knast nicht altersgerecht eing'richtet isch. Woher kommt denn des Wort Guerilla? Von Geriatrie!

Liebe Grufties

Nehmen wir diesen Abend zum Anlass, Mut zu schöpfen im alltäglichen Kampf der älteren Generation um Achtung, Anerkennung und Bohnenkaffee. Lüften wir den Schador der Vergreisung in einer fielmannverseuchten Designerwelt, in der wir klapprigen Kassengestelle aus Kostengründen einem sozialverträglichen Frühableben zugeführt werden.

Graue Panther, grüne Stare, greise Schnepfen, ballt eure Fäuste, frisiert eure Rollstühle und henkelt die Nachttöpfe. »Grufties leben im Gehege, nieder mit der Altenpflege!«

An die Karabiner, ihr zitternden Zausel, wacht auf, Verdammte dieser Herde altersschwacher Greise. Zeigt eure dritten Zähne und dann: »Kukident, Kukident, zum Städtele hinaus«.

Treten wir den Juppie-Rotznasen in ihre verschissenen Großraumhosen und hacken ihnen ihre Handys ab, bevor diese verhätschelten Moorhühner ihr Erbe vertelefonieren und uns das Gnaden-brot wegpicken.

Zwei Weltkriege haben wir überlebt, drei Salmonellenangriffe und vier Hörstürze. Da werden wir auch noch Marienhof überleben. Die Hetzparole: »Alle Senioren – ab auf die Azoren!« beantworten wir mit: »Margarete Rutherfort, fegt gnadenlos Big Brother fort«.

Und so werden unsere geriatrischen Sondereinheiten diesen pu-bertären Wixbudencontainer erstürmen, Geiseln nehmen und unsere Forderungen stellen:

Verdoppelung der Rente. Freie Liebe, auch auf den Fluren. Ha-schisch rauchen im Bett und Weihnachten wird zu Ostern wiederholt.

Fit bleibe

Wenn die Baggerseesaison rum isch, so ab Oktober, geh ich einmal in der Woch ins Hallebad. Paar Bahne schwimme, mich fit halte. Leider komme auf die Idee auch andere Berufsjugendliche ab 60. Deswege gehts im Wasser oft zu wie beim Feierabendverkehr in der Karlsruher Innestadt.

Immer vier von dene alte Fregatte nebenander, begleitet von zwei Zerstörer. Des sind regelrechte Seeschlachte, in die du da verwickelt wirsch.

Manche von dene Alte habe a Sozialverhalte wie Feuerqualle. Dann versuchsch unter dene Sonntagsschwimmer durchzutauche. »Herr Bademeister, da fummelt einer bei mir unte rum.« Dann probiersches an anderer Stell, hängsch plötzlich in eme Unterwasser-Rollator fest.

Was auf der Autobahn die Lkw sind, das sind im Schwimmbad einige von dene Alte. Du könntsch meine, die hätte des Schwimmbad gepachtet. Und die, die net schwimme könne, die laufe in ihre aufblas-bare Badeanzüg durchs Wasser. Aquawalking. Komme aber nicht von der Stell. Na gibts Stau wege dene Strampelboje.

An der Rutschbahn drängle die sich vor, am Sprungturm brauche se a halbe Stund, bis sie sich die Sprosseleiter naufgequält habe. Und wenn sie dann obe aufem Brett steh'n, dann fällt ihne ein, dass sie kei Patienteverfügung habe.

Und weil sie immer friere, hocke sie hinterher ins warme Kinder-becke. Ha komm, die sind doch net ganz dicht!

Irgendwann hasch die Nas voll und versuchsch dich im Ther-malbad zu erhole von dem Hallebad-Stress. Aber die Idee hasch net nur du.

Da hat die Badverwaltung gut leserliche Schilder aufg'hängt: »Me-dizinisch empfohlene Badedauer zehn Minuten.«

Und was mache die Thermal-Taliban: Wenns Bad um achte auf-macht, hocke die in den Whirlpool. Und da koche se vor sich hin bis abends um zehne, wenns Bad wieder zumacht. Da hasch du keine Chance.

Das Lied vom Thermalbad

Alles was noch kriecht, hinkt oder krabbelt
alles was gerade noch sichtbar zappelt
morsche Knochen und schlaffe Gedärme
alle woll'n zur Wasserschlacht in die Schwefeltherme
das Wochenende naht, man zieht die Badehose an
die ganze Nation liegt im Thermalbadewahn

Im Whirlpool gibts wie immer Riesengedränge
man hört die ersten Hilferufe aus der heißen Enge
der Bademeister ist schnell herbeigeeilt
denn 24 Krampfadern haben sich verkeilt
dazu eine Ohnmacht, die Katastrophe naht
Ausnahmezustand im Schwefelbad

Refrain | Und alle singen:
Oh lieber Gott, wenn ich's heute überlebe
und nicht wie'n Popel am Beckenrand klebe
dann vermach ich Dir mein Häuschen, die Garage
und den Garten
und meine Thermalbade-Eintrittskarten

An den Massagedüsen klammert sich die Gicht
krampfhaft ans Geländer mit verzerrtem Gesicht
daneben die schönen Silikonoberweiten
die sich mit Omas um die besten Plätze streiten
da fliegen Gebisse, es musste ja so enden
bei den Billigprothesen der Kassenpatienten

Die Jugend sauniert und die Jugend solart
dort, wo sich der Fußpilz mit dem Hautkrebs paart
nebenan liegen Mumien in Frottee eingehüllt
oben angekohlt und unten unterkühlt
die Wellnessfraktion versucht heut' Saunarekord
die Hälfte verschmort, der Rest verdorrt

Refrain | Und alle singen:
   Oh lieber Gott, wenn ich's heute überlebe
   und nicht wie'n Popel am Beckenrand klebe
   dann vermach ich Dir mein Häuschen, die Garage
   und den Garten
   und meine Thermalbade-Eintrittskarten

Im Ruheraum, da zeigt sich dann
wer sich nach diesem Badetag noch regen kann
denn so kurz vor dem Ziel geht mancher in die Falle
gut frottiert erwacht er in der Einsegnungshalle
gar nicht so selten kommt es so dick
dann spielt die Thermeband Händels Wassermusik

Refrain | Und alle singen:
   Oh lieber Gott, wenn ich's heute überlebe
   und nicht wie'n Popel am Beckenrand klebe
   dann vermach ich Dir mein Häuschen, die Garage
   und den Garten
   und meine Thermalbade-Eintrittskarten

November

Übers Novemberlicht wird bei uns in Bühl und in der Region viel g'schriebe. Links und rechts vom Rhein treffe sich Liedermacher, Kabarettiste und G'schichteerzähler, um jenes b'sondere Licht zu besinge. Übers weniger erhellende Novemberlicht beim Einkaufe in der Früh aufem Wochemarkt singt jedoch keiner a Lied. Da muss mir die Frau Knopf mit ihrer Handlamp in de Geldbeutel leuchte, damit ichs Kleingeld find.

»Jesses«, sag ich, als mein Blick im Schein ihrer Lamp auf a Babbedeggel-Schälele Himbeere fällt. »Die habe sich aber Zeit g'lasse. Himbeere im November! Des hats früher auch net gebe. Wenn des so weitergeht, na gibts bald Erdbeere aus der Region unterm Christbaum. Vom Freiland.« Na sagt sie: »Jaja, des isch schon a eigeartige Zeit, die Natur spielt verrückt.«

»Und wie«, sag ich. »Die Mensche erst recht. Die werde immer verrückter.«

»Da habe sie jetzt wieder recht«, erwidert sie. Und was sich im erste Moment wie bled Gebabbel anhört, isch in Wirklichkeit fast schon an philosophischer Diskurs.

»Manche Mensche, Frau Knopf, sind nimme dort, wo se hing'höre. Die sin ver-rückt. Und wenn se grad am Ver-rücke sind, na wirds Klima auch gleich ver-rückt. Sie lasse sich alles Mögliche einfalle, um alles um sich rum zu ver-rücke. Von gute Traditione abrücke und die Natur überliste, damit die dann auch ganz ver-rückt spielt und im November Himbeere wachse lässt.«

»Jesses, Herr Kräuter, des habe sie aber g'scheit g'sagt. Sie habe wohl de ganze Tag auch nix anderes zu schaffe als wie zu denke.«

»Haja, Frau Knopf. Ich hab in meinem Lebe schon alles Mögliche ausprobiert. Schaffe, ohne zu denke, und denke, ohne zu schaffe. Aber am meiste hab ich erreicht, wenn ich mir beim Schaffe was gedacht hab.«

»So hab ich des jetzt noch nie g'sehe, Herr Kräuter. Da muss ich jetzt erst mal drüber nachdenke. Beim Schaffe!«

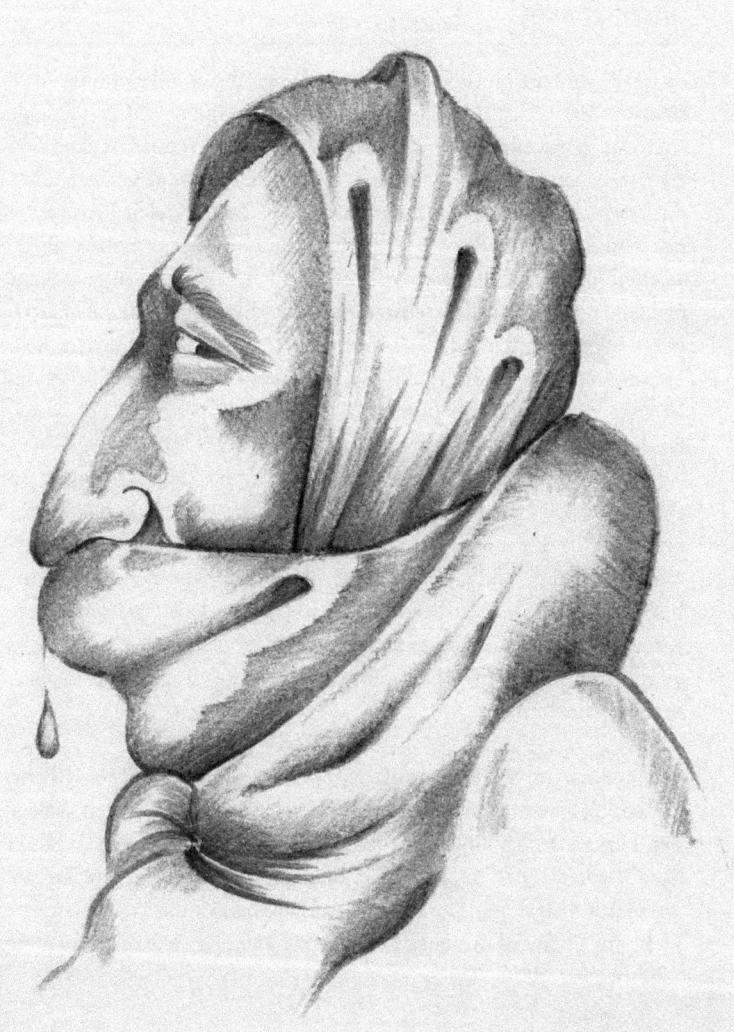

»Alla gut, na nemm ich jetzt an Sellerie mit und an Stengel Lauch.«
Und dann wickelt sie a Schälele Himbeere in Zeitungspapier ein und
schenkt sie mir.

»Herr Kräuter, für Sie … wege der fruchtbare Unterhaltung!«

Novemberlicht

Es ist die Zeit diffuser Melancholie und gebremster Beleuchtung. Wer
sich am Mangel erfreut, dem ist es eine hohe Zeit, und er begnügt
sich mit den rationierten Lichtmengen. Andere wiederum strecken
die Nasen erst gar nicht unter der Bettdecke hervor, grübeln über
die Frage, ob es sich überhaupt lohnt, in den schmalen Lichtkorri-
dor eines Novembertages zu treten. Alternativ das Frühjahr abzu-
warten, um dann gut ausgeschlafen sich dem frischen Frühjahrslicht
zu stellen. Eine wahrlich schwere Entscheidung für diese Lichtsüchtigen. Am Abend wird es früher dunkel, am Morgen später hell.
Rechnet man die Zeitumstellung hinzu, den Nebel und die Inflation,
ist man nicht weit von permafrostigen Dunkelperioden der Nord-
länder entfernt.

Doch wie aus allen Krisen lässt sich auch hier Kapital schlagen. So
treten windige Lichtverkäufer auf den Plan und versprechen ganzkör-
perliche Kunstbesonnung, Lichtspiele und allerlei Blendwerk, Erhel-
lung für Körper und Geist, ja sogar die Kosmetikbranche stellt Auf-
heller in die vordersten Verkaufslinien. Die von Düsternis gepeinigte
Kundin greift zur Strahlcreme oder zur Lightvariante. Und jenseits
von schwarzem Garderobenfummel wird alles getragen, was einigermaßen reflektiert.

Wer jedoch im Einklang mit den Jahreszeiten lebt, der weiß mit
diesem Beleuchtungsmangel umzugehen. Ein Blick auf den Kalender kündet rechts unten in der 51. Kalenderwoche vom Wechsel
der Gezeiten. Die Sonnenwende, die sich der gut belichtete Zeitge-
nosse mit hellgelbem Marker angestrichen hat, ist das viel besungene
Licht am Ende des Tunnels. Und die Vorfreude ist ja bekanntlich die
schönste Freude.

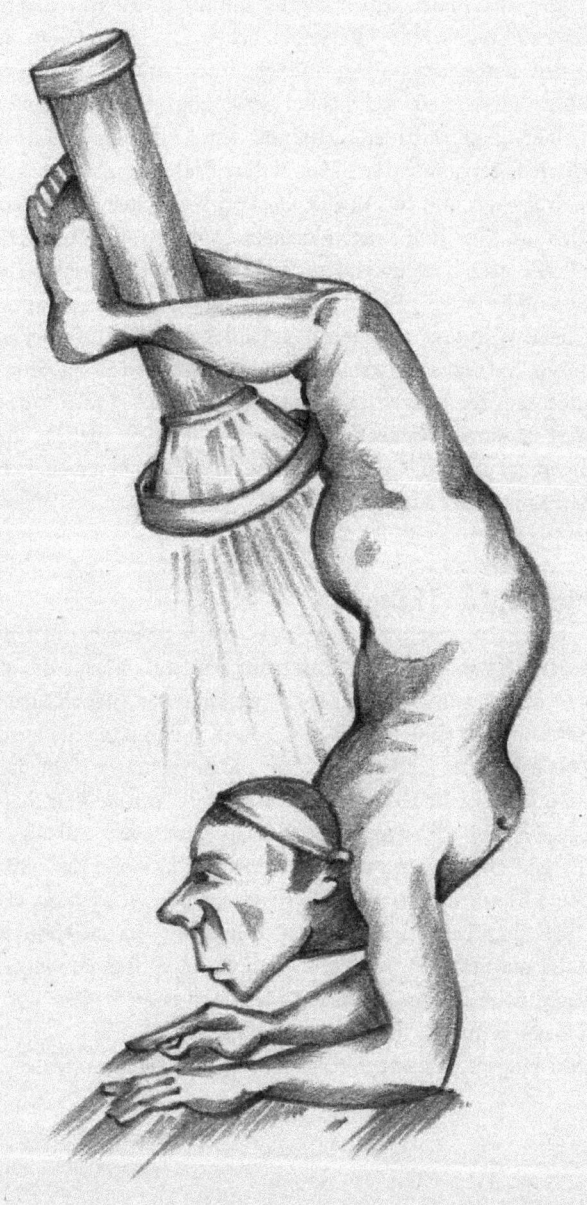

Wie auch immer, keiner kommt umhin, in die novemberlichen Lichtspektakel unserer Städte einzutauchen, in der sich überbelichtete Designer, kommunale Beleuchtungskörper, Anstrahler, Abstrahler und Lichtkünstler ein Stelldichein beziehungsweise Lichtzündan geben. Übervolle Lichtbäder, nichts soll dem kaufwilligen Kundenauge entgehen. Laserkanonen schießen unsere Botschaft ins All, hin zu den Außerirdischen und hin in das Cockpit verzweifelter Flugkapitäne, die sich um Kopf und Kragen kurbeln. Während die Stromverkäufer ihre Preise nach oben korrigieren und sich die Hände reiben, bollern Motten und sonstiges Geziefer von Laterne zu Laterne, und das sonst so scheue Wild lässt sich vom lichten Schein lichttrunkener Städter anlocken. Auf den ausgetretenen Wildwechseln von Shops, Stores und Centern ein durchaus artenreiches Flanieren. Dort staunt das dem Dunkel schwarzer Wälder entsprungene Wild nicht schlecht über die Lichtwut der aufrecht Gehenden, die an alles gedacht haben, nur nicht an den Knopf zum Ausschalten.

Heißer Kopf und kalte Füß

Licht isch das eine, was in dieser Jahreszeit fehlt, Wärme das andere. Wer so wie ich stundenlang an der Schreibmaschin sitzt, der hat oft an heißer Kopf und kalte Füß. Wobei jedes Kind im Badische weiß, dass Füß bis nauf zu de Hüfte reiche. Also die ganze untere Hälfte isch unterkühlt, obwohl die Heizung bollert. Aber die Wärme steigt halt nach obe, und a Fußbodeheizung gibts bei uns daheim net. Altbau!

Es gibt nur de Türk, der unter mir wohnt. Wenn der sein Thermostat a bissele nach obe … Aber von daher brauch ich nix erwarte. De Türk spart. Und schimpft. Über de Italiener, der unter ihm wohnt. Und der macht die Heizung erst gar nicht an, weil er an junger Kerle isch und noch Hitz in sich hat. Zudem isch er an Sizilianer, und die sind ja von Natur aus heißblütig. Sagt mar.

Mir hingege bleibt nach some frostige Arbeitstag nur eins:

Die badische Kirschwassersauna

Knackige Körper, extreme Forme
außerhalb geometrischer Norme
vollendete Fülle, geschwungene Welle
die eine mit Beule, and're mit Delle
schön sind sie alle, ob alte, ob junge
Konstruktione, gewagt wie gelunge
in diesem Kosmos leuchten die Sterne
am allerschönsten ganz aus der Ferne

Manchmal isches wie im Zoo
so was siehsch du nirgendwo
schlanke Gazelle, behaarte Dromedare
Flusspferde, die grad im Tauchbecke ware
gackernde Hühner und graue Reiher
halbverhungerte Gänsegeier
Anmut und Grazie, göttliche Verschwendung
hier filmte Heinz Sielman schon mal eine Sendung

Vollendete weibliche Physiognomie
Orange-Schenkel, Aubergine-Knie
fruchtige Wulste, talgige Drüse
vom Lebe gezeichnete Abwasserdüse
zitrusartige Hautreaktione
Riesekürbis, Wassermelone
so viel Pracht auf einem Haufe
kei Wunder könne Männer in der Sauna kaum schnaufe

Vor allem die Fraue sind sehr deliziös
doch ab 100 Grad wird die Fassade porös
die Spachtelmass bröselt, der Lippenstift fließt
die Schminke in Schlieren zu Tale schießt

die Tusche tropft, der Lidstrich wird krumm
»Chanel« wirkt hier wie Narkotikum
dann zeige die Damen ihr wahres Gesicht
aber mehr zu dem Thema sag ich nicht

Dann kommt der Aufguss und 's Kirschwasser brodelt
die ganze Besatzung freut sich und jodelt
wenn zischend der Dampf in die Nüstern dringt
hörsch den Saunachor, wie er das Badnerlied singt
sie blähe die Nüstern, und sie inhaliere
bis sie völlig die Orientierung verliere
sie wackle und kippe, einige schwanke
die sind des net g'wönht, so heftig zu tanke

Nebem Ofe im Fieberwahn
der badische Herbert von Karajan
propellert und wirbelt mitem Handtuch herum
verwedelt die Luft überm Publikum
die erste beginne wie die Käfer zu pumpe
sie muhme und schlabbre auf schweißige Lumpe
und die, die ganz obe aufem Holzbänkel throne
die fliege jetzt rum wie Heißluftballone

Sie singe und schunkle und sind wie von Sinne
schweißige Sturzbäch zu Tale rinne
wer jetzt noch lebt, der springt ins Freie
die eine jauchze, die andere schreie
sie strample und zucke
sie schlecke und schlucke
sie hopse ins Becke, sich zu belebe
doch die meiste, die hopse im Vollrausch danebe.

Grundwisse

Oft sag ich zu meinem Schorschi: »Schorschi, a g'wisses Grundwisse, beziehungsweis Allgemeinwisse isch wichtig. Grad wenns wie bei dir am Spezialwisse mangelt. Alle Fußballprofis ab zwei Millione Ablösesumme zu kenne, des reicht net aus. Mar unterschätzt oft die Wichtigkeit vom Grundwisse. Oder mar überschätzt sich. So wie du.«

Viele meiner Bekannte meine wunderwas, was sie für a Grundwisse habe. Und dann wisse se noch net emal die einfachsten Dinge.

Wenn ich an some ung'mütliche Novembertag am Abend in die Sauna geh, dann sitze dort bereits die Rentner. Einige von dene hänge de ganz Winter in der Saunalandschaft rum. Des sind die, die alles wisse. Besser wisse. Kenne alle Zusammehänge, wisse wie mar beim Rasemäher die Zündkerze wechselt, wisse vom Zweite Weltkrieg alles, vom Erste Weltkrieg auch alles, und sie wisse, wann der Dritte Weltkrieg anfangt.

Aber wenn ich dann frag, wie viele mir sind, na sage se: »Ha komm, du Dolle. Mir sind zu viert!«

Ich wollt ja net wisse, zu wievielt mir hier in der Sauna hocke, sondern wie viele Badener es gibt. Und des wisse dann die Schlauberger net.

»Baden hat eine Größe von circa 15 000 Quadratkilometer. Die Einwohnerzahl liegt bei ca. vier Millione Badener. 60 Prozent davon sind Einheimische. Überwiegend Schein-Einheimische. Entweder du hasch mütterlicherseits an rumänischer Schwippschwager mit drin oder väterlicherseits a griechisches Urlaubsverhältnis. Wenns dumm lauft, an schwäbischer Kurschatte.

Schwabe und Badener, und des gehört halt auch zum Grundwisse, habe a ganz unterschiedliche Herkunft. Die erste Schwabe, die mar auf der Alb ausgegrabe hat, des ware versteinerte Schnecke, Saurier und Plankton. Entstande unter extrem hohem Druck. Also die Erwartungshaltung war enorm. Keiner hat damals a Ahnung g'habt, was passiert, wenn die ihr Sediment verlasse. Nachher hat sich rausg'stellt: des Verhärtete, des Verschlossene, des Versteinerte, des isch gebliebe.

Die erste Badener hingege ware Amphibie, die aus em Baggersee an Land gekroche sind. Daher auch der Name Baden.

Was auch zum Grundwisse über unsere Heimat g'hört, des isch die Länge von unserer Außegrenze. Badens Grenze besteht aus ung'fähr

900 Kilometer Jägerzaun. Die Länge von private, also inländische Jägerzäun liegt hingege bei 8000 Kilometer. Des isch des, was mar so ums Haus drumrum hat.

Bei einer Einwohnerzahl von vier Millione komme demnach auf einen Badener 1,94 Meter Jägerzaun. Der Bundesdurchschnitt liegt bei 74 Zentimeter. So komme mir auf eine Gesamtzahl (Außegrenz/Innegrenz) von circa 9000 Kilometer. Die Chinesische Mauer hat eine Länge von 6350 Kilometer. Lächerlich!

Weiterhin sollt mar von seiner Heimat wisse: Der Anteil blauer Blutkörperle isch im badische Blut um 20 Prozent höher als wie im Bundesdurchschnitt. Speziell bei mir isches so, dass die Mutter meiner Traudl, also mei Schwiegermutter Maria Theresia Faller, a Großnichte eines gewissen Karl-Friedrich Faller aus Heidelberg isch. Dessen Schwägerin wiederum isch mit dem Neffen von Silvia Sommerlath verheiratet. Unsere Silvia aus Heidelberg. Badische Königin von Schweden. Und jetzt bin ich durch die Einheirat ins Adelsgeschlecht meiner Frau sozusage a veronkelte Cousine meiner Frau ihrer Schwägerin mütterlicherseits. Zu Weihnachten krieg ich Post vom schwedische Hof. »Frohes Fest wünschen Silvia und Karl Gustaf.« Ich schreib dann zurück: »Frohes Fest wünscht Jörg Karl Friedrich Kräuter, König von Baden.«

Und dieses Grundwisse fehlt meine subbbrschlaue Saunakollege ganz und gar. Beim zweite Saunadurchgang sitze mir wieder zusamme. Sie halte wieder große Rede, wisse alles Mögliche, und ich frag dann: »Wer von euch weiß, wie lang an Badischer Meter isch.«

95 Grad heiße Luft reicht eigentlich zum Schwitze. Aber die Frag bringt jetzt die Alleswisser zum Koche. Noch nicht emal des wisse se.

»Der Badische Meter isch a Ideele länger als wie der Nicht-Badische Meter. Dafür isch der Badener etwas kompakter in der Länge. Also kürzer. Badische Männer zehn Zentimeter, badische Fraue elf Zentimeter kürzer. Isch aber nicht weiter verwunderlich, denn alle Naturvölker sind von Haus aus in der Länge etwas kompakter, also kürzer. Gestaucht! Denke mir mal an Pygmäe, Italiener, Badener.

Jetzt sieht mar aber den Größeunterschied zu de Nichtbadener überhaupt nicht, weil ja der Badische Meter etwas länger isch. Genauso wie der Badische Liter etwas mehr sein darf. Wird allerdings schneller weggetrunke, weil die Badische Sekunde knapper bemesse wird. Deswegen huddelt der Badener. Dann pressierts. Dann schwitzt er. Er schwitzt also intensiver als andere, weil des Badische Grad a Ideele heißer isch ...«

Und plötzlich keucht einer von meine Sauanakollege: »Da hasch recht, mein Schwager aus Düsseldorf schwitzt viel weniger als wie ich.« Inzwische isches still g'worde, weil die Saunarentner allmählich merke, dass es ihne an viel mehr Grundwisse mangelt, als wie sie gedacht habe. Lang halte se die Doppelbelastung nicht mehr aus. 95 Grad Hitz und die Erkenntnis, so gut wie nix zu wisse.

»Wisset ihr wenigstens, warum mir im Badische so gern singe?«

Sie gucke sich verdutzt an, und mar merkt, dass se allmählich genug habe, ständig mit ihrem Unwisse konfrontiert zu werde.

»Zum Gugguggg! Jetzt hör endlich auf mit der blede Fragerei. Mir esse gern, weil mir Hunger habe, trinke gern, weil mir Durst habe, singe gern, weil mir ... weil mir ...?«

»Also, ihr Dolle«, sag ich. »Bei uns wird gern und viel g'sunge wege der für Süddeutschland typische Jodunterversorgung, die zum sogenannte hohlkropfige Resonanzraum führt. Und zum andere singe mir so viel wege der überdurchschnittliche Nitratbelastung im Grundwasser. Nitrat wird in der Landwirtschaft als Dünger eing'setzt. Und beim Verzehr von dem regionale G'müs kommts dann dazu, dass die Stimmbänder weich und elastisch werde und der Kehlkopfdeckel beim Zusammeklappe nimme so scheppert. So entsteht dieser weiche, eingängige Sound vom badische Kehlkopfgesang. Allerdings isch der Kehlkopfdeckel dadurch schwerer zu kontrolliere, was zur Folge hat, dass von zehn Badenern acht falsch singe. Die Männer brumme in der Regel drei Tön nebe der Spur. Die junge Fraue kreische, also zumindest bei mir. Und bei de ältere Dame hört sichs an, wie wenn a Katz überfahre wird. Ab und zu isch mal a schöne Stimm drunter. Des isch dann aber an Zugezogener.«

Die Sanduhr zeigt an, dass der zweite Saunagang rum isch und mir steh'n auf, um uns drauße abzukühle. Meistens sitze mir a Viertelstund in der Kabin. Also, wenn mir um siebene reinsitze, komme mir um viertel achte wieder raus. Viertel nach siebene sagt hier bei uns keiner. Genauso sagt keiner Viertel vor acht. Des heißt drei viertel achte. Und 19.30 Uhr gibts auch net. Des heißt entweder halber achte oder »gleich nachem Vesper«.

In badische Fahrplän steht zwar, der Bus fahrt um 13.10 Uhr. Aber nur, weil für die richtige Zeitangabe kein Platz aufem Fahrplan isch. Eigentlich müsst dort steh'n: »Der Bus fahrt gleich nachem Mittagesse.«

Wenn der Badener mit seiner Traudl ins Theater geht, sagt er auch nicht: »Mir müsse um achte dort sein.« Er sagt: »Mir müsse dort sein, wenns losgeht.« Die Formulierung isch viel präziser, weils ja manchmal erst um viertel neune losgeht. Und verschenkt wird bei de heutige Theaterpreise nix.

In ganz abgelegene Schwarzwaldtäler gibts noch sehr exotische Zeitangabe. Dreiviertelkurznachknapp zum Beispiel.

Sehr exakte Zeitangabe macht der Badener, wenn er in der Wirtschaft sitzt und daheim anruft, weils a bissele später wird.

»Traudl, ich brauch noch drei Viertel.«

Nachem dritte Saunagang geh'n mir dann meistens noch einer trinke. Nachem zweite Viertel simmer recht entspannt, nachem dritte Viertel fange mir an zu singe.

Lied über die Einzigartigkeit Badens

Mir hän Revoluzzer wie den Hecker
Aldi, Lidl und den Schlecker
schräge Vögle, die hier niste
Räuber, Fundamentaliste
Fliegepilz und Minarette
die wir gern woanderst hätte
schwule Männer-Volkstanzgruppe
Altpapier, Gymnastikgruppe

Tödlich heiße Schwefelquelle
Rottweiler, die rückwärts belle
graue Zelle, schlaue Köpfe
hundert Jahre alte Zöpfe
dann a Münster und an Dom
Automate fürs Kondom
tolle Männer, die nie müd
rote Bolle auf de Hüt

Refrain | Und jetzt alle tief Luft hole, durchschnaufe und dann
lasse mirs weiterlaufe …

Mir hän wilde Schweine und auch Gemse
Traktorfahrer ohne Bremse
unser Raps isch pures Gold
wird in Basel nicht verzollt
Oliveöl aus Schutterwald
150 Jahre alt
und dann mache mir auch hier
aus Tannezapfe gutes Bier

Selber g'strickte dicke Socke
Weiber, die am Spinnrad hocke
scharfe Rettich, rot und spitz
schöne Mädle, blond und knitz
Spargel, Zwetschge, Schweinespeck
Uhu und noch Bäredreck
auf an Schafbock 30 Schäfer
Wurzelbohrer, Borkekäfer

Refrain | Und jetzt alle tief Luft hole, durchschnaufe und dann
lasse mirs weiterlaufe …

Bähnle, die de Berg naufdampfe
Hauptschule zum Hirn verkrampfe
Schwarzwalduhre, Bademeister
Mountainbiker, Nebelgeister
Pestizide, Schuppenflechte
falsche Fuffz'ger und auch echte
ultraschnelle Sanitäter
meistens kommen die erst später

———

Fastnachtsküchle, Herrgottsbildle,
100 000 Vorfahrtsschildle
Schorletrinker, Hühnerställ
in Triberg riese Wasserfäll
Ministrante, Interniste
Kaffeefahrte, Bustouriste
Juppheidi und Juppheida
Rums di bums und fallera

Refrain | Und jetzt alle tief Luft hole, durchschnaufe und dann
lasse mir 's große badische Finale anlaufe:

Doch was uns so schrecklich fehlt
was uns ärgert, was uns quält
und mir sages unverhole
's Heiligste, des isch uns g'stohle
denn der Stern, der Stuttgart ziert
isch illegal dort installiert
und zum Spott hän mir den Schaden
der Mercedesstern g'hört Baden

Dafür kriege die den Hecker
den Aldi, Lidl und den Schlecker
schräge Vögle, die hier niste
Räuber, Fundamentaliste
Fliegepilz und Minarette
die wir gern woanderst hätte
Juppheidi und Juppheida
Rums die bums und fallera!

Dezember

G rummle, Brummle, Brodle, Blubbre ... ich versuch a passendes Wort zu finde für meine Geräusche in der Mage-Darm-Region. Es isch an Aufruhr in meinem Bauch, den ich mir im erste Moment net erkläre kann. Wie ich dann so im Dunkle über die Hauptstraß in Richtung Kirchplatz lauf, kommt mir plötzlich des Wort in de Sinn, als mir die Frau Schneider mit ihrem Hund entgege kommt. Knurre! In mir knurrts. Aber net wegem Hunger, weil um siebene am Morge hab ich nie Hunger.

Es isch a Knurre wie vom a Hund, der sich bedroht fühlt. Und jetzt merk ich, dass mein Mage knurrt, weil er sich bedroht fühlt. Ich weiß in dem Moment aber noch nicht, von was er sich bedroht fühlt.

Wie ich so auf den Marktstand von der Frau Knopf zugeh, weiß ich plötzlich, was diese Bedrohung, die mein Innerstes schon vor mir wahrg'nomme hat, für an Name hat: Grünkohl, Rosekohl, Rotkohl.

Ich will jetzt net näher auf die windige Verhältnisse in mir drin eingehe. Aber wer so sensible Kuttle hat, die schon vor dem Verstand auf die Bedrohung mit Knurre und starke Abwinde reagiere, der hats net leicht.

So versuch ich also, sowohl Gesundheitsaspekte als auch den Genuss mit meine windige Verhältnisse in Einklang zu bringe. Drei Knösple Rosekohl, 100 Gramm Rotkohl und a bescheidenes Sträußel Grünkohl.

Die Frau Knopf fragt mich, ob ich a Diät mach. Ich weiß erst garnet, was ich sage soll. Dann lass ich mich aber doch auf des Thema ein und erzähl von der Superdiät, die ich kürzlich im Internet ausfindig g'macht hab.

»Dezemberwind« heißt die Diät zum Reinige und Durchblase der menschlichen Verwertungsorgane. Grad in der Vorweihnachtszeit sollt mar ja das Feld bestelle, auf dem dann über die Feiertag schwere Kost zur Verrottung ang'liefert wird. Mit dieser Diät kamer seinen Organismus mit schwerverdauliche Rohstoffe auf Weihnachten hin vorbereite.

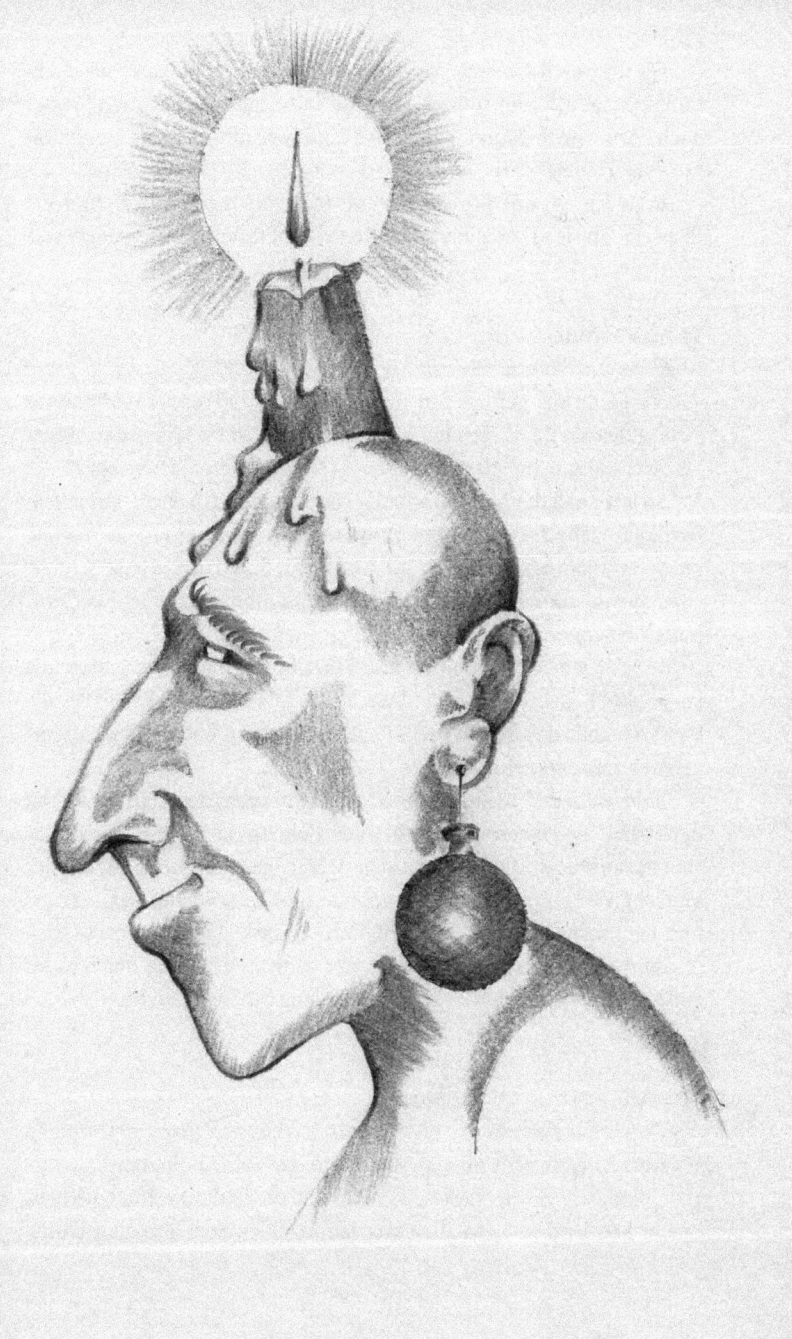

Da nimmsch am erste Morge a halbes Rosekohlknöspel auf nüchternen Mage ein und spülsch mit eme halbe Liter lauwarmem Wasser nach. Am zweite Morge dann zwei Knösple und so gehts weiter, bis kurz vor Heiligabend.

Frau Knopf war schwer beeindruckt von meiner Diät und hat überlegt, ob sie »Dezemberwind-Beutel« auf ihrem Stand anbiete soll.

Winterschlaf

Aufem Heimweg geh ich am Rathaus vorbei und lese a Schild: »Auf Grund des am 22. Dezember beginnenden Winterschlafes der Bühler Stadtverwaltung haben wir geänderte Öffnungszeiten. Diese sind ...«

So lernt halt der Mensch von der Natur, denk ich bei mir. Die aufem Rathaus mache des wie die Igel. Und so hörsch du ab dem 22. Dezember, grad wenns am Morgen noch still isch in der Stadt, dieses leise Schnarchen aus de undichte Fenster von de Amtsstube, wo röchelnde Computer im Schnarchmodus verharre. Erst am 20. März krieche die Angestellte wieder aus Akteschränk und Schreibtischschublade, schlage die verstaubte Leitzordner auf und wecke in alphabetischer Reihefolg alle Ortsvorsteher, dann die G'meinderät und ganz am End de Oberbürgermeister. Der darf zehn Minuten länger schlafe.

Und während in de öffentliche Verwaltunge der Dämmerschlaf nach BAT 11 einsetzt, wirds bei uns daheim auch besinnlich. Mar sitzt zusamme, und es wird musiziert. Der Vater dirigiert, der Bruder bratscht, die Oma zittert. Mir nemme uns Zeit, wieder mal Mozart und Beethoven zu höre. Und dann isch bei uns daheim morgens Grieg und mittags Händel. Wenn die Mutter dann in der Küch den Vivaldi auflegt, dann wisse mir, es geht nimme lang bis Heiligabend.

Vivaldi

Vivaldis Allegro, sein Adagio, sein Pesto und seine Bolognese. Unvergleichlich, wie er die klassische Musik in die badische Küche eingebracht hat. Und zwar zu allen vier Jahreszeiten. Sein Tomaten-Quintett in C-Moll, seine dahinrieselnden Parmesan-Rhapsodien, Gnocchi Puccini, Torelli Pomodori, Rigatoni Verdi … Göttlich!

Seine unverwechselbaren Bearbeitungen von Olio Scarlatti, Risotto Albinioni, Ravioli Monteverdi. Einzigartig seine Gorgonzola-Sinfonien für Viola da Gamba und acht Pfeffermühlen. Sein herzerfrischendes Risotto für zwei Oboen, Servietten-Suite Milanese und sein Peperoni-Konzert in D-Dur mit den Sätzen: Andante Minestrone und Allegro al Burro. Val Policella für gemischten Salat und Marinada Legato, sowie sein unbeschreibliches Mozzarella-Terzett.

Leider unvollendet geblieben: sein Carpaccio Silvio Berlusconi.

Hibbelig

Es isch a ganz b'sondere Zeit. Als Kind bisch am erste Advent schon hibbelig und für manche Eltern unerträglich. »Hoffentlich krieg ich diesjahr net schon wieder so an blede Trainingsanzug zu Weihnachte!«

Jugendliche gebe sich da schon cooler, sind aber in Wirklichkeit genauso hibbelig, zeiges nur net so. »Wenn ich diesjahr wieder so an blede Trainingsanzug krieg, na zieh ich aus.«

Bei de Erwachsene isches ganz anders. Die mache sich net so viel aus Weihnachte. Sage se! Aber innerlich: »Wenn ich diesjahr wieder so an blede Trainingsanzug krieg, na fahr ich nächstjahr über Weihnachte zu meiner Mutter.«

Je weiter alles in Richtung Heiligabend rückt, umso stimmungsvoller wirds. Alles wird plötzlich anders. Vor allem die Eltern, die 's ganz Jahr g'stresst ware mit em Geschäft, mit em Haushalt, mit de Kinder – und mit sich. Kei Woch isch vergange, wo se net mitnander g'händelt hän wege irgend eme Scheißdreck. Und die Kinder habe sich kopfschüttelnd zurückgezoge und sich ihren Teil gedacht: »Bloß net erwachse werde!«

Aber plötzlich strahle die Eltern wie zwei frisch neigedrehte Glühbirne. Im Kachelofe knistert a Feuerle, die Kätzle schnurre, und die Mutter und der Vater sitze andächtig aufem Ofebänkel und übe sich in analer Tiefenentspannung.

Badische Weihnacht

Die weit verzweigten Rohrleitungen der menschlichen Verwertungs-apparaturen werden durch aufsteigende Ofenwinde erwärmt. Subtro-pische Winde streichen durch den urologischen Vergnügungspark wie ein nahendes Tropengewitter.

Wohlige Durchblutung vitalisiert in warmen Wellen ganz Nord-baden und die nahen, schwäbischen Gebietskörperschaften. Baden kocht! Mann und Frau, Yin und Yang, Badener und Badenerin, der Badische Zweier, das Duale System im Kreislauf von Werden und Gedeihen, zwischen Triebhaftigkeit, moralischer Entgleisung und Kontrollverlust.

Wer wagt den ersten Schritt, heraus aus der komatösen Gemüt-lichkeit? Stunden vergehen, Tage, Nächte. Was sich mühsam an libi-dinösen Verwerfungen aufgebaut hat, fällt im feuchtheißen Klima der Wohnstube in sich zusammen.

Doch dann, kurz vor Heiligabend, stehen sie auf. Gemeinsam. Hand in Hand. Treten ans Fenster. Öffnen es. Nein, sie reißen es auf. Sperrangelweit! Ziehen mit weit aufgerissenen Nüstern eisige Polarluft in ihr überhitztes Inneres. Beherzt schließen sie die Lüftungsklappen der oberen Rachenräume und halten sich die Nase zu, damit die Kalt-luft nicht wieder entweicht.

Und nun geschieht das Wunder. Polare Kaltluft trifft auf die sub-tropischen Tiefausläufer der badischen Fortpflanzungsmaschinerie. Der Badener kondensiert.

Glückseligkeit breitet sich in ihm aus. Endlich hat er den Aggre-gatszustand der seligen Kondensation erreicht. In tausenden von ba-dischen Wohnstuben geschieht an diesem Abend zur gleichen Stunde dieses immer wiederkehrende, vorweihnachtliche Wunder, bei dem Millionen und Abermillionen silbern glänzender Tröpfchen den Weg nach draußen suchen. Durch die Drüsen am Fuße der Nasenwurzel, um als glitzernde Kristalle über glühend heiße Gesichtsflanken zu kul-lern. Der Badener weint.

Und so feiern wir alle Jahre wieder die Badische Weihnacht.

Wer einen Kachelofen besitzt, der weiß um die therapeutische wie gesundheitsfördernde Wirkung dieser badischen Institution. Die therapeutische, ja erzieherische und Menschen prägende Wirkung dieser monumentalen Heimkraftwerke, die aus jeder unterkühlten Wohnkammer eine heimelige Mummelkiste machen, liegt in erster Linie in der Tatsache begründet, dass der Mensch zur Befeuerung jenes Ofens sich den Gewalten der Natur stellen muss.

Fichte, Kiefer, Lärche, Birke, Buche, Eiche, Esche und Robinie. Magische Worte, welche die Herzen der von Jahr zu Jahr anwachsenden Brennholzgemeinde höher schlagen lässt. Vorwiegend die männliche Spezies hat sich hier ein Betätigungsfeld gesucht, das in diesen handwerksfernen, digitalisierten und rationalisierten Zeiten so rar geworden ist. Ein schweißtreibendes Werk, das unsere Vorväter und Vormütter in die Wälder trieb, um in den kalten Wintern die Höhlen, Hütten und Wohnstuben zu befeuern.

Heute stehen schwedische Zieröfen mit hochkomplexen Steuerungen in unseren geblümten Wohnkartonagen, umgeben von gestapelten, hölzernen Wällen, Ster an Ster, Trutzburgen gegen klirrende Kälte, ausreichend für Urenkel samt bibbernden Sippschaften. Geschlagen vom wuchtigen Axthieb hartgesottener Büroangestellter, Börsenspekulanten oder Autoverkäufer. Helden der Wälder, die von Ehefrauen bewunderten Holzsoldaten, die im Kampf Mann gegen Baum, unter Verlust von Daumen und Finger für das heimische Wohl sorgen.

Baumärkte bieten Schutzbekleidung, Äxte, Sägemaschinen und automatische Spalter. Für den echten Holzmacher gibt es kein Wetter und keinen Grund, sich seinem hölzernen Freizeitgewerbe nicht hinzugeben. Und setzt er nicht mit penetranter Beharrlichkeit wahre Kunstbauten in penibel exakter Schichtung, so sorgt er sich um das Schärfen der Ketten, das Wetzen der Schneiden und das Reinigen des Werkzeuges.

Doch ist die hohe, sehnsüchtig erwartete Zeit der Winter. Wenn die Bäume schlafen und in den Wäldern am Rande der Städte die Motorsägen brüllen. Das Mark und Bein erschütternde Knarzen, wenn der Keil des automatischen Spalters die Stämme zerteilt, ist stellvertretend für diese Männer ein Siegesschrei im Kampf mit der Natur. Die urbane Wildheit zu unterwerfen, sie zu zähmen und dem Feuer im heimischen Herde zuzuführen.

Und wer nach alter Väter Sitte mit wuchtigem Schlage Klotz für Klotz zerteilt, bringt Frieden in seine Seele und erspart sich kostspielige, therapeutische Sitzungen im Angesicht eines Seelenklempners, einer bemitleidenswerten Kreatur, die niemals gelernt hat, mit der Spaltaxt der Verharzung der Seele ein gnädiges Ende zu bereiten.

Holz sägen, hacken, spalten war zu allen Zeiten das Sinnbild für seelische Befreiung, Katharsis und Heilfasten für das Unterbewusste. So kann sich eine Frau keinen besseren Mann wünschen als einen im Feuerholz Beheimateten. Er ist in dieser so heldenlosen Zeit ein Kerl wie eine Eiche. Hart, energiegeladen, hoch sensibel und vom Aussterben bedroht.

Liebe Leser,

wers bis hierher g'schafft hat, der darf sich jetzt (falls vorhande) auf sein Ofebänkel hocke und sich dem Rausch der G'mütlichkeit hingebe. Darf eins sein mit seinem Kachelofe, dem unser badisches Wesen so nahe isch. Mar könnt sage, der Badener isch mit seinem Ofe verwandt. Er braucht sehr lang, bis er warm wird. Wenn er dann aber seine Betriebstemperatur erreicht hat, dann kühlt er nicht mehr ab.

Lied vom Kachelofe (Brigeddl-Lied)

Am End vom Tag gibts an schöne Moment
wenn de Bobbes aufem Kachelofe anbrennt
wenn die Socke qualme und der Siedepunkt naht
so richtig g'mütlich wirds bei 95 Grad
die Traudl strickt, und ich gugg ihr zu
tropische Hitze und himmlische Ruh

Refrain | Uh! Traudl, leg a Brigeddl uff

Wenn die Wärme durch de Bobbes nach obe krabbelt
die Darmflora blubbert und de Magesaft sabbelt
wenn de Saich in de Harnblas wohlig köchelt
und de Bimbes g'mütlich in de Unterhos röchelt
die Traudl schnurrt und die Stricknadle klacke
so kann mei Seel so richtig entschlacke

Refrain | Uh! Traudl, leg a Brigeddl uff

Kommt dann aber die Verwandtschaft ins Haus
zieht es die Eintracht zum Schornstein hinaus
beim letzte B'such sind se drei Tag g'sesse
gleichzeitig g'schlofe, g'schwätzt und g'fresse
de Ofe war aus, doch die hocke auch im Kalte
an Schimmel an der Wand isch leichter auszuhalte

Refrain | Uh! Traudl, leg a Brigeddl uff

Doch simmer allein, dann treffe sich Blicke
dann will die Traudl nimme Socke stricke
na rucke mir zamme aufem Ofebänkel
Wade an Wade und Schenkel an Schenkel
und während im Ofe die Funke sprühe
fange mir an vor Sehnsucht zu glühe

Refrain | Uh! Traudl, leg a Brigeddl uff

Dann gehts nimme lang und de Büstehalter
fliegt durch die Stub wie an b'soffener Falter
im Ofe da knisterts und s' Bucheholz knackt
inzwische hat die Traudl sich ganz ausgepackt
ich im Pullover, im Hemd und in Schlappe
extrem heiße Luft aus de Lüftungsklappe

Refrain | Uh! Traudl, leg a Brigeddl uff

———

Plötzlich a Krache, a Stichflamme sticht
des Ofetürle scheppert, die Brennkammer bricht
ich seh, wie sich über mir die Kachle verschiebe
doch die Traudl schmust weiter, des isch wahre Liebe
und dann tuts an Bums – Jesses, bin ich verschrocke
die Traudl wollt sich grad auf mei Zündkerz hocke

Refrain | Uh! Traudl, leg a Brigeddl uff

Die Dichtunge schmore, die Kachle springe
während mir mitnander lustvoll ringe
des Oferohr kommt runter, es raucht ausem Schacht
die Wänd stürze ein, die Ofebank kracht
doch mir mache weiter, denn die Liebe ist stärker
als Erdbebe, Sintflut und Kachelofe-Ärger

Refrain | Uh! Traudl, leg a Brigeddl uff

Danke

Danke, liebe Leser, danke, liebe Kabarettbesucher. Fürs Reinschnuppern, fürs Lese, für euern Besuch.

Fünf Buchstabe, a kleines Wort, a große Wirkung. Viel zu wenig wird danke g'sagt. Vielleicht nehmt ihr meine Aufforderung, mehr danke zu sage, nachher mit ins Bett und sagt: Danke, liebe Bettdeck, dass du mich wärmsch.

Und ihr, liebe Kabarettbesucher. Nach der Vorstellung aufem Parkplatz: Danke, lieber Motor, dass du anspringsch. Und später dann in der Wirtschaft: Danke, lieber Riesling, dass ich so b'soffe bin.

Danke, liebes Publikum, ich bin jetzt am End
dass mir jetzt keiner zum Tempel nausrennt
denn zuerst sag ich danke an alle Hausmeister
an die gastronomische Gertränkegeister
danke, liebes Publikum, für den Applaus
doch beim nächste Mal geht bitte mehr aus euch raus

Danke an alle, die mir viel wert
an de Kühlschrank, die Spüle und an de Herd
Staubsauger, Bese und Fernseher
Zahnbürst, Butzlumpe, Rasemäher
an meinen Computer und des ganze Gelump
danke, liebe Sparkass, alles auf Pump

Dank an die G'meinde, dass im Kinderhort
schon die Säugling beginne mit em Ausdauersport
danke, liebe Krankeschwester aus der Ukraine
ohne dich wär unser Oma alleine
danke für die viele Schadstoffzone
dass dort Albaner und Türke wohne

Danke an die Presse, die Fotografe
die beste Szene hänner wieder verschlafe
danke an die Feuerwehr samt Kommandant
leider nix passiert, wieder kein Brand
bin völlig erschöpft, groggy und breit
wehe, wenn hier keiner Zugabe schreit!